Rodulfo González

EL ASESINATO DEL
CAPITÁN DE CORBETA
RAFAEL ACOSTA ARÉVALO

Isla de Margarita, Estado Nueva Esparta, Venezuela
Septiembre de 2020

Publicado por primera vez por CICUNE 2021
Copyright © 2019 por Rodulfo González
Reservados todos los derechos.
Ninguna parte de esta publicación puede ser reproducida, almacenada o transmitida en cualquier forma o por cualquier medio, electrónico, mecánico, fotocopiar, grabar, escanear o de otro modo sin permiso por escrito del editor. Es ilegal copiar este libro, publicarlo en un sitio web o distribuirlo por cualquier otro medio sin permiso.
Rodulfo González no tiene ninguna responsabilidad por la persistencia o exactitud de URL de sitios web de Internet externos o de terceros a los que se hace referencia en esta publicación y no garantiza que el contenido de dichos sitios web sea, o permanecerá, exacta o apropiada.
Las denominaciones utilizadas por las empresas para distinguir sus productos suelen ser reclamados como marcas comerciales. Todas las marcas y nombres de productos utilizados en este libro y en su portada, nombres comerciales, marcas de servicio, marcas registradas son marcas registradas de sus respectivos propietarios. Los editores y el libro no están asociados con ningún producto o proveedor mencionado en este libro. Ninguna de las empresas u organizaciones a las que se hace referencia en el libro lo han respaldado.
Catálogo de la Biblioteca del Congreso
Nombre: Rodulfo González, 1935-
ISBN: 979-8-3485-5702-7 (paperback)
ISBN: 979-8-3485-5701-0 (e-book)
ISBN: 979-8-3485-5703-4 (hardcover)
Primera edición
Diagramación de Juan Rodulfo
Arte de portada por Guaripete Solutions
Producción: CENTRO DE INVESTIGACIONES CULTURALES DEL ESTADO NUEVA ESPARTA (CICUNE)
cicune@gmail.com
Impreso en EE. UU.

cicune.org

cicune.org

A Waleswka Pérez de Acosta,
viuda del valiente
Capitán de Corbeta (ARV)
Rafael Acosta Arévalo,
asesinado por la narcodictadura de
Nicolás Maduro,
y sus hijos, huérfanos de dicho
oprobioso régimen.

cicune.org

cicune.org

ÍNDICE

EL AUTOR 13

PREÁMBULO 19

LA VÍCTIMA 25

Lo que informó la narcodictadura 29

Era inocente 31

Inhumación controlada 37

Allanamiento de la residencia de los suegros 39

Reacciones Internacionales 41

La posición de la Asamblea Nacional 43

La posición de PROVEA y COFAVIC 45

Responsabilizan a Remigio Ceballos 46

Las ofrendas florales 51

Qué se sabe de Rafael Acosta Arévalo 53

El arresto de dos militares. 57

Torturas y un juicio 59

Otra muerte bajo custodia policial 65

Un acto noticioso importante 67

Latigazos, fracturas y electrocución 75

El pronunciamiento de Ecuador y Estados Unidos . 81

Ascenso post mortem 85

La detención 89

Fue torturado 95

La Defensoría del Pueblo no cumple sus funciones 97

¿Quién lo presentó y quién filtró la autopsia? 105

Una autopsia controlada 109

Los responsables del asesinato 115

Persecución, tortura y muerte 123

Más datos sobre la víctima 125

Las sanciones de Estados Unidos a la DGSIM 135

España exigió sancionar a sus asesinos 139

Una mínima condena 141

Las sanciones de la Unión Europea 147

El régimen debe responder 149

No hay justicia en Venezuela 155

La lentitud de la justicia 161

La acusación de Estados Unidos 165

Los Protocolos de Minnesota y Estambul 169

Señora Fatou Bensouda ¡Es con usted! 177

Irrespeto a la Constitución Nacional. 183

Las cuatro preguntas claves de la diputada Yajaira Forero. 187

cicune.org

Capitán Rafael Acosta Arévalo: El Hombre Nuevo
.... 193

Honor y Gloria 199

El maquillaje insuficiente de los torturadores 203

Maduro se burló de Bachelet 207

¡Auxilio! 211

La brutalidad gubernamental 215

Extracto de la autopsia 217

Las lágrimas de cocodrilo de Bachelet 219

Medidas cautelares para la familia 223

Las poco sutiles diferencias entre homicidio y tortura
.... 225

La FAES tomó el Cementerio del Este 231

El traslado del cadáver al Cementerio del Este 237

"Yo lo maté, yo lo entierro" 241

El cuerpo no fue entregado a los familiares 243

Similitudes entre entierros de Acosta Arévalo y Oscar Pérez 253

Tamara Sujú ante la OEA 255

El ascenso a un oficial torturador 261

La repulsa de Fabiana Rosales 265

La reacción de la cancillería británica 267

La opinión de la fiscal general en el exilio 269

El negado examen forense 271

El régimen lo asesinó 275

Asesinado a golpes 279

Morir ante un juez 295

El cardenal Porras pidió a Bachelet tomar acciones 303

Los responsables del asesinato 305

Un emotivo homenaje 309

El esclarecedor informe de Amnistía Internacional 311

"La burla y la impunidad me han llevado a la desesperación" 317

Una fiscalía cómplice 321

Restricciones en la Fiscalía 325

Seis meses después 327

Un año después 331

EPÍLOGO 337

cicune.org

EL AUTOR

Nació en el caserío Marabal, hoy en día parroquia homónima del Municipio Mariño del Estado Sucre, Venezuela, el 18 de febrero de 1935.

Es licenciado en periodismo, trabajador social, investigador cultural y poeta.

Todo cuanto escribe, en prosa o verso, lo firma con sus dos apellidos, Rodulfo González.

Publica diariamente los blogs "Noticias de Nueva Esparta" y "Poemario de Eladio de Eladio Rodulfo González", Es miembro fundador del Colegio Nacional de Periodistas, Seccional Nueva Esparta. Pertenece a la Sociedad Venezolana de Arte Internacional y a la Organización Mundial de Escritores.

En formato digital ha publicado, entre otros, los libros Dos localidades del Estado Sucre, Textos Periodísticos Escogidos, Textos Periodísticos Escogidos 2, El Municipio Marcano del Estado Nueva Esparta, Patrimonio Cultural Mariñense, Cristo en la devoción religiosa católica neoespartana, Festividades Patronales Mariñenses, La Niña de Marabal, La Quema de Judas en Venezuela, La libertad de prensa en Venezuela, Poesía Política, El Municipio Gómez del Estado Nueva Esparta, Elegía a mi hermana Alcides, Cien Sonetillos, La Niña de Marabal, Cuatro periodistas margariteños, La historia de Acción Democrática en tres reportajes periodísticos, Festividades patronales del Municipio Antolín del Campo, La Virgen María en la devoción religiosa de Margarita y Coche, Festividades patronales del Municipio García del Estado Nueva Esparta, Venezuela, Festividades patronales del Estado Nueva Esparta, Mosaicos Líricos, Nuestra Señora de Los Ángeles, patrona de Los Millanes, La Hemeroteca Loca, La Hemeroteca Loca 2, Hemeroteca Loca 3, La Hemeroteca Loca 4, La Hemeroteca Loca 5, La Hemeroteca Loca 6, La Hemeroteca Loca 7, La guerra del dictador Nicolás Maduro contra comunicadores sociales y medios desde enero hasta mayo de 2018, Alegría y tristeza, La Quema del Año Viejo en América Latina, La Quema de Judas en Venezuela, 2013-2014, La Quema de Judas en Venezuela 2015, La Quema de Judas en Venezuela, Covacha de sueños, ¡Cómo dueles, Venezuela!, Encuentros y desencuentros, Ofrenda lírica a Briceida, Catorce años de periodismo margariteño, Guarumal, Primera Antología de poemas comentados y destacados, Segunda Antología de poemas comentados y destacados, Tercera Antología de poemas comentados y destacados, Cuarta Antología de poemas comentados y destacados, Brevedades líricas, Grandes compositores y compositoras del bolero, Grandes intérpretes del bolero, La guerra asimétrica del dictador Hugo Chávez contra comunicadores sociales y medios desde 1999 hasta 2003, La guerra asimétrica del dictador Hugo Chávez contra comunicadores sociales y medios 2004, La guerra asimétrica del dictador Hugo Chávez contra comunicadores sociales y medios 2005, La guerra asimétrica del dictador Hugo Chávez contra comunicadores sociales y medios 2006, La guerra asimétrica del dictador Hugo Chávez contra comunicadores sociales y medios 2007, La guerra asimétrica del dictador Hugo Chávez contra comunicadores sociales y medios 2008, La guerra asimétrica del dictador Hugo Chávez contra comunicadores sociales y medios 2009 Poemas disparatados, Guarumal, Imprenta y Periodismo en Costa Rica y Gobernadores contemporáneos del Estado Nueva Esparta. .

Entre sus publicaciones en papel se cuentan, *Margarita y sus personajes* (5 volúmenes), El Gallo en el Arte, la Literatura y la Cultura Popular, Pelea de Gallos, Patrimonio Cultural Mariñense, Festividades Patronales Mariñenses, La Desaparición de Menores en Venezuela, Problemas Alimentarios del Menor Venezolano, Niños Maltratados, Háblame de Pedro Luis, Siempre Narváez, Estado Nueva Esparta:1990-1994, Caracas sí es gobernable, Carlos Mata: Luchador Social, Así se transformó Margarita, Margarita y sus personajes (cinco volúmenes); Vida y Obra de Jesús Manuel Subero, La Mujer Margariteña, Breviario Neoespartano, Margarita Moderna, Festividades Navideñas, Cuatro Periodistas Margariteños, Morel: Política y Gobierno, Manifestaciones Culturales Populares de la Isla de Coche, Francisco Lárez Granado El Poeta del Mar, El Padre Gabriel, Manifestaciones Culturales Populares del Municipio Gómez, Manifestaciones Culturales Populares del Municipio Marcano, Ofrenda Lírica a Briceida, Marabal de Mis Amores, La Niña de Marabal, Elegía a mi Hermana Alcides, Dos Localidades del Estado Sucre, La guerra del dictador Hugo Chávez contra comunicadores sociales y medios 2004, La guerra del dictador Hugo Chávez contra comunicadores sociales y medios 2005, La guerra del dictador Hugo Chávez contra comunicadores sociales y medios 2006, La guerra del dictador Hugo Chávez contra comunicadores sociales y medios 2007, La guerra del dictador Hugo Chávez contra comunicadores sociales y medios 2008, La guerra del dictador Hugo Chávez contra comunicadores sociales y medios 2009, La Hemeroteca Loca IV, La Hemeroteca Loca V, La Hemeroteca Loca VI, Nuestra Señora de los Ángeles patrona de Los Millanes y los trípticos literarios A Briceida en Australia, Colorido, Elevación, Divagaciones y Nostalgias.

cicune.org

En formato CD ha publicados los libros Publicaciones en CD. La Libertad de Prensa en Latinoamérica y otros textos, Festividades Patronales Mariñenses, Elegía a mi Hermana Alcides, La Niña de El Samán, Marabal de Mis Amores, Festividades Patronales del Municipio Villalba y Festividades Patronales del Municipio Antolín del Campo.

PREÁMBULO

Aunque en Venezuela existe desde el 22 de julio de 2013 una Ley Especial para Prevenir y Sancionar la Tortura y Otros Tratos Crueles, Inhumanos o Degradantes, hasta el 30 de enero de 2020 los cuerpos de represión de la narcodictadura de Nicolás Maduro torturaron hasta producir su muerte a 72 prisioneros. En septiembre esa cifra debe haber ascendido, a pesar de los informes de la Alta Comisionada de la ONU, Michelle Bachelet, quien en su exposición sobre la marcha de los derechos humanos hecha en el 45 período de sesiones del Consejo de DD.HH, que realizó el 16 de ese mes manifestó su preocupación por los "altos números" de muertes de jóvenes en barrios marginados como resultado de operativos de seguridad y señaló que basado en un análisis de fuentes abiertas de su oficina en el país se registró 711 muertes de julio agosto de 2020 y desde enero hasta esa fecha, 2000.

Cabe advertir que, en el referido informe de la Misión Internacional Independiente de las Naciones Unidas de determinación de los hechos sobre Venezuela, se detallan once casos en los que la misión llega a la misma conclusión: que tiene "motivos razonables para creer que se cometieron ejecuciones extrajudiciales", principalmente en manos de la FAES, una fuerza policial que recomienda desmantelar "dado el alto número de ejecuciones extrajudiciales realizadas".

Irónicamente bajo este ignominioso régimen se aprobó esa ley, que hasta 2020 no se ha aplicado debido a la negligencia criminal de la Fiscalía General de la República y la Defensoría del Pueblo que no la han invocado ni siquiera en casos como el del Capitán de Fragata Rafael Ramón Acosta Arévalo, asesinado por funcionarios de la siniestra Dirección General de Contra Inteligencia Militar, que fue denunciado ante la Organización de las Naciones Unidas y la Corte Penal Internacional, a los cuales se les juzgó por una ley ordinaria.. A este siniestro régimen, apéndice de la dictadura cubana, no le basta privar de la libertad a sus adversarios –que considera enemigos- sin apego a la Constitución que juró obedecer y hacer cumplir. sino que los priva de la vida, aunque en Venezuela fue abolida la pena de muerte desde 1863, de manera cruel y despiadada mediante ejercicios de tortura que no se conocían en el país con el fin de crear entre los sectores que lo adversan un clima de terror para desalentar protestas y rebeliones que tienen rango constitucional. Los familiares, incluidos menores de edad, muchas veces han sido tomados como rehenes y confinados en sus terroríficas mazmorras, con el silencio cómplice de los funcionarios encargados de impedir tales atropellos.

La barbarie, pues, que ni el virus chino, ni la opinión pública internacional, ni organismos multilaterales de defensa de los derechos humanos han podido abatir, a pesar de que el Estado venezolano es firmante de muchos protocolos y tratados dirigidos a preservar tales actos contrarios a la humanidad civilizada.

Hay varios instrumentos legales de alcance internacional que garantizan los derechos de las personas privadas de libertad.

El 17 diciembre de 2015, la Asamblea General de la ONU adoptó las Reglas Mínimas para el Tratamiento de los Reclusos o Reglas Nelson Mandela, que son 122, que pretenden reafirmar el trato digno inherente a la condición humana, que debe proferirse incluso a los peores criminales.

En una de ella se especifica que "Ningún recluso puede ser sometido a tortura, tratos o penas crueles, inhumanos o degradantes y no existe circunstancia alguna que justifique lo contrario".

En otra se establece que "La seguridad de los reclusos debe garantizarse en todo momento, al margen de su situación jurídica".

Por otro lado, la Convención contra la Tortura y otros Tratos o penas Crueles, Inhumanos o

Degradantes, ratificada por la narcodictadura de Nicolás Maduro y plasmada en una ley emanada de la Asamblea Nacional, a pesar de existir centenares de pruebas sobre violación de los derechos humanos de los prisioneros políticos y comunes, jamás se ha aplicado.

Ese instrumento delega en el Estado la responsabilidad "de evitar, investigar y sancionar todo acto de un funcionario u otra persona en ejercicio de funciones públicas, destinado a ocasionar dolor o sufrimiento grave, físico o mental, para conseguir información o una confesión, o castigar, intimidar o coaccionar por cualquier razón basada en discriminación de toda índole".

Hay otros instrumentos legales sobre la materia, como los protocolos de Minnesota y Estambul.

Además, el artículo 46 de nuestra Constitución establece que las personas privadas de libertad deben recibir el trato digno inherente a la condición humana, de manera que no pueden ser sometidos a tortura, penas o tratos crueles, inhumanos o degradantes. También dispone que el funcionario que, en ejercicio de sus funciones, infiera dolor, maltrato o sufrimiento físico o mental, lo instigue o tolere debe ser sancionado según lo disponga la Ley.

Al respecto, la Ley Especial para Prevenir y Sancionar la Tortura y otros Tratos Crueles, Inhumanos o Degradantes, sanciona con pena de hasta de 25 años a quien incurra en esta conducta.

Para obviar la cadena de mando los tribunales han aplicado en casos de esa naturaleza debidamente comprobados, como los asesinatos por tortura del concejal Fernando Albán, que el régimen calificó de su suicidio, y el del Capitán de Corbeta Rafael Acosta Arévalo torturado hasta la muerte por funcionarios de la Dirección General de Contrainteligencia Militar. A los presuntos culpables se les aplicó el Código Penal.

Sin embargo, el informe presentado por la Alta Comisionada de la ONU, Michelle Bachelet, identificó como responsables de la violación de los derechos humanos de prisioneros y manifestantes al narcodictador Nicolás Maduro, sus ministros de Defensa, Vladimir Padrino López, y del Interior y Justicia, Néstor Reverol y a los directores y jefes de los cuerpos represivos.

LA VÍCTIMA

"Nadie está a salvo de la maldad de este régimen que tortura y mata a civiles y militares por igual. Un día asesinan a un oficial y al siguiente le disparan a los ojos a un joven venezolano"

Leopoldo López

El 22 de junio de 2019, la esposa del Capitán de Corbeta Acosta Arévalo, Waleswka Pérez de Acosta denunció su desaparición y declaró que había hablado con él por última vez a las 2:00 p.m. del día anterior, mientras se encontraba en una "reunión personal" en Guatire, Estado Miranda.

-Ese día, -se lee en la Web- funcionarios de la Dirección General de Contrainteligencia Militar (DGSIM) y del Servicio Bolivariano de Inteligencia (SEBIN) detuvieron a siete personas, entre militares y policías activos y retirados. Entre los detenidos se encontraban dos coroneles retirados, un general de brigada de la aviación, un teniente coronel del Ejército, dos comisarios retirados del Cuerpo de Investigaciones Científicas, Penales y Criminalísticas (CICPC) y un Capitán de Corbeta de la Armada, Acosta Arévalo.

El 26 de junio, después de seis días sin conocer su paradero, la detención de Acosta Arévalo fue anunciada por el ministro de comunicación e información Jorge Rodríguez, quien acusó a tres de ellos, incluyendo a Acosta Arévalo, de incurrir en "los delitos de terrorismo, conspiración y traición a la patria"; según el gobierno, los inculpados estaban preparando un golpe de Estado que "incluía la muerte de Nicolás Maduro y Diosdado Cabello".

Pero según la activista en derechos humanos, Tamara Sujú, a la víctima, junto con otros compañeros, se lo llevaron a un lugar boscoso en las afueras de Caracas, lo colgaron desnudo en un árbol, con las manos atadas y los ojos vendados con un cartón

Ilustración 1.- Un Ciudadano de la Oposición con un Papagayo con el nombre del Capitán de Corbeta Rafael Acosta Arévalo asesinado por la Dictadura de Nicolás Maduro en Venezuela

También aseguró que golpearon con palos en varias partes de su cuerpo y que le dispararon cerca del oído para que perdiera la audición.

cicune.org

Dos días después fue trasladado por una comisión del DGSIM a la sede del tribunal militar para realizar su audiencia de presentación, donde llegó en una silla de ruedas con graves indicios de torturas.

-Los funcionarios de la DGSIM –reveló la nota digital- impidieron que la entrevista con sus abogados fuera privada. Presentaba muchas excoriaciones en los brazos, poca sensibilidad en las manos, inflamación extrema en los pies, rastros de sangre en las uñas lesiones en el torso. Tampoco era capaz de mover las manos o los pies, de poder levantarse o de hablar, con la excepción de aceptar el nombramiento de su defensor y de pedirle auxilio a su abogado.

Ante ese cuadro "El juez ordenó que el Capitán fuera trasladado al Hospital Militar del Ejército Dr. Vicente Salias Sanoja, "Hospitalito", ubicado en Fuerte Tiuna, y al observar su crítico estado físico su audiencia de presentación fue pospuesta, pero no pudo celebrarse porque Acosta Arévalo había fallecido en la noche en ese centro hospitalario.

La fuente digital indicó asimismo que "Después de que las denuncias de los hechos se hicieran públicas, no se podía ingresar la etiqueta "DGSIM" como búsqueda en la plataforma Twitter, presuntamente por un bloqueo".

Lo que informó la narcodictadura

El régimen de Nicolás Maduro emitió comunicados contradictorios a raíz de ese crimen.

El emitido por el entonces ministro de Propaganda de la narcodictadura, Jorge Rodríguez, afirmó que el fallecimiento de Rafael Acosta Arévalo se había producido "durante el acto de presentación frente al tribunal competente".

Por su parte, el fiscal general designado por la írrita Asamblea Nacional Constituyente, Tarek William Saab, afirmó que Acosta Arévalo "estaba siendo presentado ante los tribunales", y el ministro de la defensa, Vladimir Padrino López, precisó que el oficial se desmayó antes de iniciar la audiencia.

Como era de esperarse, el diputado Diosdado Cabello, presidente de la ilegítima Asamblea Nacional Constituyente desestimó la posibilidad de una investigación independiente, expresando "confiamos en nuestra justicia" y llamando al Ministerio Público a comenzar una investigación, mencionando que "quien tenga la responsabilidad en el caso debe de asumirla".

Era inocente

Según la presidenta de la ONG Control Ciudadano, Rocío San Miguel, "el Capitán Acosta Arévalo, muere siendo inocente, pues nunca desde su detención fue formalmente imputado por el estado venezolano, quien violando las garantías constitucionales más elementales del debido proceso".

En el socialismo del siglo XXI, ruina de Venezuela en su mayor bonanza petrolera, los presos comunes, y los políticos mucho menos, tienen garantías procesales, ni del respeto de su integridad personas, ni de su vida. Se les tortura. Para desgracia de esos criminales, los delitos de lesa humanidad no

prescriben y tienen jurisdicción internacional

Sobre el particular, se lee también en la Web, "La fiscal general destituida por la Asamblea Nacional Constituyente, Luisa Ortega Díaz, emitió un comunicado en el que señala que designó a un equipo multidisciplinario para el esclarecimiento de la muerte, a fin de determinar la responsabilidad de los autores e imponer las sanciones correspondientes.

Al respecto, el director de actuación procesal del Ministerio Público en el exilio, Zair Mundaray, informó sobre los hallazgos médicos legales en el cuerpo del Capitán:

16 arcos costales fracturados, ocho de cada lado, las tres primeras y la última en buen estado, de ambos lados. Fractura de tabique nasal, excoriaciones en hombros, codos y rodillas, hematomas en el muslo en la cara interna y ambas extremidades. Lesiones (similares a latigazos) en espalda y muslos parte posterior, un pie fracturado, múltiples excoriaciones y signos de pequeñas quemaduras en ambos pies (se presume electrocución).

A esa información hay que añadir lo publicado en consecuencia por el periodista Elio Rojas en su cuenta en Twitter el 2 de julio y citado por otros medios digitales, entre ellos *TalCual*, dos días después:

Las lesiones en el cuerpo del militar condujeron al fallo de sus riñones, pulmones y posteriormente su cerebro, como posible resultado de los denunciados métodos de tortura impartidos por los oficiales de la DGSIM.

El cadáver del Capitán Rafael Ramón Acosta Arévalo, de 50 años, presentó al menos 38 lesiones en su cuerpo, de las cuales 30 fueron por la parte frontal y ocho en la parte posterior, según el acta post mortem realizada por la División de Investigaciones de Homicidio del Cuerpo de Investigaciones Científicas, Penales y Criminalísticas (CICPC) y publicada por el periodista Eligio Rojas, a través de Twitter.

El examen fue realizado por la directora del Servicio Nacional de Medicina y Ciencias Forenses (SENAMECF), Sinue Villalobos, junto con otros forenses que determinaron, entre otras cosas, que el cuerpo del Capitán presentó contusiones, escoriaciones, quemaduras, fractura y hematomas.

La autopsia reveló que el militar sufrió diversos politraumatismos que produjeron un daño en los riñones, generando una insuficiencia respiratoria que culminó en el edema cerebral que le causó la muerte.

Según el documento de la autopsia, revelado por el periodista Eligio Rojas, se determinó como causa de muerte un "edema cerebral severo debido a insuficiencia respiratoria aguda, debido a tromboembolismo pulmonar, debido a rabdomiólisis por politraumatismo generalizado".

El politraumatismo generalizado advierte diversas lesiones a diversos tejidos de todo el cuerpo del oficial, probablemente a causa de los golpes propiciados durante las denunciadas torturas mientras estuvo bajo la custodia de la Dirección General de Contrainteligencia Militar (DGSIM).

Las lesiones en el tejido provocaron la rabdomiolisis, un proceso que causa daño a las células renales debido a la secreción de mioglobina, una proteína que recorre el torrente sanguíneo cuando el músculo sufre algún daño. La autopsia concluyó que esta falla renal provocó que un coágulo de sangre obstruyera las arterias pulmonares, lo que condujo al tromboembolismo pulmonar. Es decir, la insuficiencia respiratoria.

Cuando los pulmones fallaron, dejaron de enviar oxígeno al cerebro. Esta insuficiencia respiratoria causó el edema cerebral por el cual finalmente falleció. En otras palabras, hubo un colapso de varios órganos provocado por un cúmulo de lesiones en varios tejidos del cuerpo del militar.

TalCual añadió:

-El exdirector de actuaciones procesales del Ministerio Público, Zair Mundaray, reveló que otro de los hallazgos médicos hechos durante la autopsia fueron la fractura de 16 arcos costales en ambos lados del cuerpo, quiebre del tabique nasal, excoriaciones (raspones) en hombros, codos y rodillas, además de hematomas en varias partes del cuerpo, como muslos y espalda.

El 30 de junio el Ministerio Público de la narcodictadura, presidido por Tarek William Saab, dio a conocer la imputación de dos funcionarios adscritos a la DGSIM, el teniente Ascanio Antonio Tarascio y el sargento Estiben Zarate, y solicitó su detención preventiva como presuntos responsables del asesinato.

Fueron acusados por el delito de "homicidio preterintencional concausal", el cual tiene una pena máxima de nueve años de prisión.

Gonzalo Himiob, vicepresidente del Foro Penal, denunció que homicidio preterintencional concausal supone que la muerte de la persona fue causada ejecutando actos dolosos con la intención de lesionarla, no a matarla, y que definir como delito común cualquier acto que sea una grave violación a los derechos humanos es una "estrategia dirigida a tergiversar la verdad y a procurar la impunidad de sus responsables" y calificar el homicidio como 'concausal' implica que la muerte no habría tenido lugar sin la presencia de condiciones o situaciones preexistentes o sobrevenidas desconocidas por el homicida, o imprevistas, que no han dependido de sus actos.

La exdefensora del pueblo Gabriela Ramírez lamentó que no se aplicara la Ley contra la Tortura y que el plan que se elaboró en su administración haya sido desechado, de lo cual responsabilizó a su sucesor, Tarek William Saab, precisamente el fiscal general del narcodictador Nicolás Maduro.

Del mismo modo, Alonso Medina Roa, abogado del fallecido Capitán de Corbeta Rafael Acosta Arévalo, informó en su cuenta en Twitter sobre la detención de los dos funcionarios de la Dirección General de Contrainteligencia Militar, señalados como autores del asesinato, que el Ministerio Público calificó de homicidio, "ignorando la legislación contra la tortura".

También en su cuenta en Twitter del 29 de junio el entonces consejero de Seguridad Nacional de Estados Unidos culpó a la Dirección General de Contrainteligencia Militar por la muerte del Capitán de Corbeta, Rafael Acosta Arévalo,

"Denunciamos la muerte sin sentido del Capitán Acosta Arévalo a manos del régimen de Maduro. La DGSIM es responsable de su tortura y muerte, junto con sus cuidadores cubanos", aseguró.

Inhumación controlada

Su cadáver estuvo doce días en la Morgue de Bello Monte custodiado por la policía y posteriormente enterrado en el cementerio del Este, en Caracas. Policialmente fueron cerrados los accesos al camposanto y las autoridades realizaron una inhumación controlada el 11 de julio de 2019, tal cual lo hicieron con el del inspector del Cuerpo de Investigaciones Criminales Científicas y Criminalísticas Óscar Pérez, asesinado vivo y directo, aunque ya se había rendido, durante la masacre de El Junquito efectuada por efectivos civiles y militares el 15 de enero de 2018.

Sus familiares querían darle cristiana sepultura en el cementerio de Maracay, Estado Aragua, donde vivó hasta la hora de su asesinato.

Fue enterrado en la parcela número 12.

-Los familiares de Acosta Arévalo –explicaría el abogado Alonso Medina Roa- recibieron una llamada este miércoles en la mañana para hacerles la entrega del cuerpo. Al llegar al lugar se hizo el reconocimiento del cadáver. Luego, recibieron una notificación del tribunal en la que se estableció la inhumación controlada. La familia quería velarlo y sepultarlo en Maracay", detalló el jurista Alonso Medina Roa.

Allanamiento de la residencia de los suegros

El mismo día del entierro controlado funcionarios de represión de la narcodictadura allanaron la residencia de los suegros del Capitán, en el sector El Limón, Maracay.

A los esbirros del narcodictador no les bastó asesinar mediante torturas horribles desconocidas en el país, desestimar la Ley Especial Contra la Tortura y Otros Tratos Crueles para enjuiciar a los autores materiales del asesinato y eximir de penalidad a la cadena de mando de la Dirección General de Contra Inteligencia Militar, sino que

> *saciaron su sadismo molestando a la familia, manteniendo doce días secuestrado su cadáver en la Medicatura Forense e impidiendo que sus familiares le dieran cristiana sepultura en un camposanto de Maracay y realizando una inhumación controlada en el Cementerio del Este*

La información fue dada a conocer en su cuenta en Twitter por quien fuera su abogado defensor, Alonso Medina Roa, según publicó el diario *El Nacional* *@medinaroaalonso*#11jul.

De acuerdo con la información suministrada por la esposa del Cap. Rafael Acosta Arévalo, Sra. Waleska de Acosta, la comisión que se presentó en la residencia de sus padres se está retirando en este momento.

Reacciones Internacionales

Al conocerse su deceso por tortura, diversas instituciones reaccionaron exigiendo justicia mediante un proceso investigativo que permitiera conocer a los autores del crimen para que sobre ellos recayera todo el peso de la ley.

En efecto, la Unión Europea reclamó una investigación completa e independiente de su muerte, considerando que el caso pone de relieve "la naturaleza arbitraria del sistema judicial y la falta de garantías y derechos para los detenidos en Venezuela.

Por su parte, el Grupo de Lima, conformado por 14 países de América, repudió su muerte en un comunicado, calificándola como un "asesinato.

Asimismo, el secretario general de la Organización de Estados Americanos, Luis Almagro, exigió "verdad y justicia por el asesinato" de Acosta Arévalo, del que culpó directamente a "la dictadura".

De igual modo, Estados Unidos consideró el caso como "un sombrío ejemplo" de hasta dónde llega la persecución contra adversarios de Maduro, y el 11 de julio el Departamento del Tesoro sancionó a la Dirección General de Contrainteligencia Militar, congelando todas las propiedades que ese cuerpo represivo pueda tener bajo jurisdicción estadounidense y prohibiéndoles hacer transacciones financieras con cualquier persona que se encuentre en ese país.

Alemania declaró que la muerte de Acosta Arévalo "es un obstáculo para una salida negociada en Venezuela". Francia condenó su muerte del militar y reclamó "una investigación independiente" para aclarar las circunstancias en que se produjo.

También el presidente de Colombia, Iván Duque, rechazó contundentemente su asesinato y declaró que "El mundo debe ponerle fin a esa dictadura". Y el ministro de asuntos exteriores de España, Josep Borrell, mencionó tras lo sucedido con la muerte de Acosta Arévalo, que "Algo pasó y queremos saberlo". Aparte pidió una investigación clara sobre el asunto.

Lo propio hizo la secretaría de relaciones exteriores de México, en un escueto mensaje donde "expresó su preocupación por la muerte de Acosta Arévalo".

No podía esperarse del gobierno de este último, complaciente con la narcodictadura de Nicolás Maduro, una posición más contundente.

La posición de la Asamblea Nacional

El único poder legítimo del país, la Asamblea Nacional, repudió públicamente dicho asesinato en un comunicado emitido por la Comisión de Política Interior en el cual aseguró que dicho cuerpo legislativo le solicitaría a la Corte Penal Internacional y a las Naciones Unidas que investigara la muerte del Capitán de Corbeta Rafael Acosta Arévalo.

Por su parte, el presidente del parlamento y de Venezuela, Juan Guaidó, definió el hecho como "abominable" y declaró que se estableció contacto inmediato con la familia y la comisión de las Naciones Unidas, que dio instrucciones tanto a los embajadores designados como a representantes en el exterior para que realizaran la denuncia ante gobiernos extranjeros y la Alta Comisionada de las Naciones Unidas para los Derechos Humanos, Michelle Bachelet, y que continuaría recabándose información sobre la muerte de Acosta Arévalo, al cual ascendió post-mortem al grado de Capitán de fragata,

Igualmente, la diputada Delsa Solórzano envió un comunicado dirigido a Michelle Bachelet exigiéndole cumplir con el protocolo de Minnesota, un procedimiento modelo recomendado por el Alto Comisionado de las Naciones Unidas para los Derechos Humanos para investigar crímenes de lesa humanidad, en los que se hubieran cometido ejecuciones ilegales, y que está orientado a evitar que los funcionarios del Estado sospechoso de haber cometido los crímenes puedan actuar o influir en la investigación.

Asimismo, condenaron su muerte los políticos Julio Borges, de Primero Justicia y Antonio Ledezma, de Alianza Bravo Pueblo, ambos en el exilio.

De igual modo, la delegación del presidente encargado de la República, Juan Guaidó, en las negociaciones con el gobierno suspendió su viaje a la tercera ronda de conversaciones en Oslo. El 2 de julio de 2019, Rafael fue ascendido póstumamente a Capitán de fragata por Juan Guaidó en representación de la Asamblea Nacional, que también aprobó investigar su muerte de Acosta Arévalo con ayuda internacional.

La posición de PROVEA y COFAVIC

En un comunicado público la ONG Programa Venezolano de Educación Acción en Derechos Humanos, conocido por sus siglas PROVEA, le solicitó al equipo técnico de la Alta Comisionada de la ONU, Michelle Bachelet, que la pidiera a Nicolás Maduro una explicación sobre su muerte.

La también ONG Para la Protección y Promoción de los Derechos humanos, COFAVIC, hizo lo propio manifestando su profunda preocupación por ese hecho criminal y sosteniendo que "La tortura está diseñada con el propósito deliberado de atemorizar".

Responsabilizan a Remigio Ceballos

El 2 de julio de 2019 el Capitán de fragata Diego Comisso Urdaneta acusó de su muerte al almirante Remigio Ceballos Ichazo, jefe del Comando Estratégico Operacional de las Fuerzas Armadas.

Ilustración 2.- Funcionarios de la Fuerza Armada Bolivariana, retirando las Ofrendas florales colocadas por la Sociedad Civil en las afueras de la Comandancia de la Armada en San Bernardino, Caracas

Lo hizo mediante un video divulgado en las redes sociales, transcrito por la versión digital del diario *El Nacional*, donde se lee:

-Ceballos Ichazo, asesinaste a un compañero tuyo, de tu misma especialidad. Seguramente alguna vez trabajaron juntos. Asesinaste, porque permitiste que lo asesinaran; eres tan culpable como el que lo mató directamente", señala el Capitán de fragata en un video difundido por las redes sociales.

El oficial de la Marina tildó igualmente a Ceballos de miserable.

Tres días después Remigio Ceballos acusó a la víctima de conspirador y terrorista.

Según él, Rafael Acosta Arévalo, asesinado mientras estaba bajo custodia de la Dirección de Contrainteligencia Militar, estuvo conspirando durante más 10 años contra el Estado venezolano.

Pero no dijo durante su discurso ante la ilegítima Asamblea Nacional Constituyente que el tirano Hugo Chávez, se vanaglorió de haber conspirado contra la democracia que él calificó de puntofijista desde que entró, por lástima de sus autoridades, en la Academia Militar.

Tampoco indicó que el 5 de noviembre de 2019 la secretaría del Tesoro de Estados Unidos lo sancionó por haber dicho públicamente en febrero de ese mismo año que los militares obedecerían las órdenes de Maduro de bloquear la llegada de ayuda a Venezuela y no aceptar las órdenes de personas que buscan crear desunión al permitir su entrada. Se le olvidó mencionar las sanciones en su contra de la Unión Europea y Canadá

En su discurso ante la llamada Asamblea Nacional Cubana también tuvo el cinismo y el descaro de afirma que toda la FAN lamenta los acontecimientos relaciones con la muerte de Acosta Arévalo, al cual acusó de planificar actos terroristas.

La agencia EFE, que reportó el acto, señaló que Ceballos aseguró que cuando Acosta Arévalo fue detenido "falleció en circunstancias que se investigan por parte del Poder Ciudadano".

Las ofrendas florales

El 1 de julio, según reportaron los portales digitales. fueron colocadas frente a la Comandancia General de la Armadas ofrendas florales en su honor, que fueron retiradas y destruidas por efectivos de ese componente de las Fuerzas Armadas.

Ilustración 3.- Ofrendas florales colocadas por un Grupo de la Asociación de Profesores Universitarios (según EFE) en las afueras de la Comandancia de la Armada en San Bernardino, Caracas

Esas ofrendas, según *La Patilla*, con información de la agencia EFE fueron colocadas por un grupo de la Asociación de Profesores Universitarios de Venezuela.

La Patilla precisó:

-Efe constató que los trabajadores, críticos con la gestión del gobernante venezolano, apostaron una corona de flores a las puertas de la sede administrativa de la Armada (naval) venezolana en Caracas, donde también ofrecieron "una oración por el alma" del militar muerto, quien pertenecía a este componente.

Pero varios militares portando armas retiraron la ofrenda y exigieron a los manifestantes -que no superaban la veintena- que abandonaran el lugar por razones "de seguridad".

Agregó:

- "Ni siquiera (nos permitieron estar) en un área cercana porque (dijeron) era área de seguridad", dijo decepcionada a periodistas la presidenta de la Federación de Asociaciones de Profesores Universitarios de Venezuela (FAPUV), Lourdes Ramírez de Viloria.

"Ya nosotros conocemos que esta es la posición de este régimen usurpador, (pero) hoy en día nosotros vinimos a cumplir con la Armada venezolana".

Las fotografías pertenecen a Rayner Peña R., de la agencia EFE.

Qué se sabe de Rafael Acosta Arévalo

Ilustración 4.- Capitán de Corbeta (ARV) Rafael Acosta Arévalo, Asesinado por la Dictadura de Nicolás Maduro en Venezuela

El 1 de julio la redacción de *BBC News Mundo* publicó un reportaje sobre la muerte de otro adversario bajo custodia del régimen dictatorial de Nicolás Maduro.

Indicó que a la fecha nada se sabía sobre las circunstancias en la que éste falleció.

Aunque "Su esposa, Waleska Pérez, está convencida de que murió como consecuencia de torturas a las que presuntamente fue sometido tras ser arrestado el pasado 21 de junio por quienes ella identificó como agentes del Servicio Bolivariano de Inteligencia Nacional (SEBIN) y la Dirección General de Contrainteligencia Militar (DGSIM).

Muere bajo custodia Rafael Acosta Arévalo, uno de los militares venezolanos detenidos por su supuesta implicación en una conspiración contra el gobierno de Nicolás Maduro, Bachelet urge al gobierno venezolano a adoptar medidas urgentes "para prevenir la reincidencia de la tortura" de personas bajo custodia

La fuente señaló a continuación:

-El gobierno de Venezuela, por su parte, hasta ahora se ha limitado a confirmar el deceso, lamentarlo y asegurar que realizará una **investigación" exhaustiva y científica"** para esclarecer los hechos, como reza un comunicado del Ministerio Público del 29 de junio.

Esta entidad acusa a Acosta y a otros 13 "civiles y militares en retiro" de formar parte de un "grupo subversivo liderado por Juan Guaidó", que había planeado un "golpe de Estado previsto para el 23 y 24 de junio", según informó en su cuenta de Twitter.

Increíble que trece civiles, incluido el presidente encargado Juan Guaidó a quien nunca se les citó a los tribunales, y militares retirados hayan organizado un golpe para enfrentarse a las Fuerzas Armadas, a 25.000 soldados y oficiales cubanos, las milicias y los círculos del terror y derribar la narcodictadura de Nicolás Maduro

---

"El golpe también contemplaba acciones armadas que provocarían decenas o miles de muertes, entre civiles y militares", afirmó el ministerio.

El arresto de dos militares.

El 1 de julio el fiscal general de la narcodictadura, Tarek William Saab, pidió la detención de dos oficiales de la Guardia Nacional como autores materiales de su asesinato en correspondencia con la investigación iniciada por su despacho para esclarecer las circunstancias en la que falleció, a raíz de las torturas que sufrió estando en custodia de la Dirección General de Contra Inteligencia Militar.

La fiscalía acusó a la victima de planificar un golpe de Estado contra el usurpador Nicolás Maduro.

El deceso de Acosta Arévalo se había producido el 29 del mes anterior en el llamado Hospitalito de Fuerte Tiuna, por lo cual Michelle Bachelet, Alta Comisionada de Naciones Unidas para los Derechos Humanos, manifestó estar "profundamente preocupada" por la muerte del militar.

Torturas y un juicio

Waleswka Pérez de Acosta, su viuda, estuvo en contacto con éste telefónico con el oficial de la Marina asesinado hasta el mediodía del 21 de junio y que sabía que él estaba en una reunión personal en Guatire, Estado Minada, cuando efectivos del SEBIN y de la DGSIM "se lo llevaron".

Al día siguiente, denunció su desaparición a través de un video que hizo circular en las redes sociales en el que responsabilizaba "al régimen por su desaparición y su integridad física".

Pérez de Acosta le reveló a la periodista Carla Angola que "Gente allegada que estaba en el lugar vio cuerpos del organismo del SEBIN y del DGSIM cuando se lo llevaron" y "Después, el miércoles salió una rueda de prensa diciendo que era un terrorista y todas esas cuestiones",

La viuda explicó en su cuenta en Twitter:

-Mi esposo duró 20 años como militar y jamás en su carrera nunca tuvo ningún problema.

En otro tuit fechado el 29 de junio exigió a la narcodictadura una "fe de vida" de su esposo. Ni nos han confirmado dónde está detenido. Tememos por su integridad física.

También le contaría a la periodista, que cuando fue presentado ante el tribunal de su causa, "Estaba sumamente golpeado, en silla de ruedas, no podía hablar, nada. No se valía por sí mismo" y añadiría; "La jueza vio el estado en que estaba, lo llevaron al hospitalito allá en el Fuerte Tiuna. Tanto lo torturaron que lo mataron".

En un comunicado, la Coalición por los Derechos Humanos y la Democracia, cuando el Capitán acudió a la corte estaba "en silla de ruedas, con la mirada absolutamente perdida y con evidentes signos de fuertes torturas", y explicó que su condición "era tal que le era prácticamente imposible hablar, **solo pudo pedirle "auxilio" a su abogado defensor**, también se denunció que no tenía coordinación motora y no podía levantarse de la silla".

A lo anterior hay que añadir lo expresado por el ministro de la Defensa, Vladimir Padrino López en un comunicado, en el cual reconoció que Acosta había sido llevado… ante un juez militar en Fuerte Tiuna, donde "antes de iniciar la respectiva audiencia de presentación, se desmayó".

A ese ministro, quien aparece en un informe de la ONU publicado en septiembre de 2020 como uno de los responsables de la tortura, muerte y tratos crueles contra presos políticos civiles y militares, se le olvidó señalar en el comunicado que el Capitán de fragata Rafael Acosta Arévalo se desmayó como consecuencia de las horribles torturas a las que fue sometido por funcionarios de la funesta Dirección General de Contrainteligencia Militar, institución que recibe órdenes directas del narcodictador Nicolás Maduro

cicune.org

En el mismo documento Padrino López tuvo la desfachatez de expresar sus condolencias a los familiares y de anunciar que por órdenes de Maduro se realizaría una profunda investigación, "ratificando de este modo la política del Estado venezolano de indefectible respeto a los derechos humanos".

Esa investigación debió haberse realizado comprendiendo en la misma al narcodictador Nicolás, a Padrino López. a Néstor Reverol, y al director y jefes de la DGSIM. Un informe divulgado por la ONG Amnistía Internacional en septiembre de 2020 demostró que en el expediente que dio por resultado el enjuiciamiento de dos efectivos de la Guardia

*NAZIonal, adscritos a
ese cuerpo de represión
la palabra tortura no
aparece en ninguno de
los más de cuatrocientos
folios*

En su cuenta en Twitter, el fiscal general de la narcodictadura anunció el inicio de "una exhaustiva y científica investigación que permita el esclarecimiento de este hecho"

En otro tuit, Waleswka Pérez de Acosta pidió apoyo internacional para realizar un examen forense independiente de la ONU que permitiera determinar la causa de la muerte de su marido, con lo cual el gobierno de Maduro consiguió su objetivo: "Que la gente en los cuarteles agarre más miedo".

Igual pedimento hicieron el Grupo de Lima, la Unión Europea y gobiernos de países como Francia y Estados Unidos.

El Asesinato del Capitán Acosta Arévalo | 64

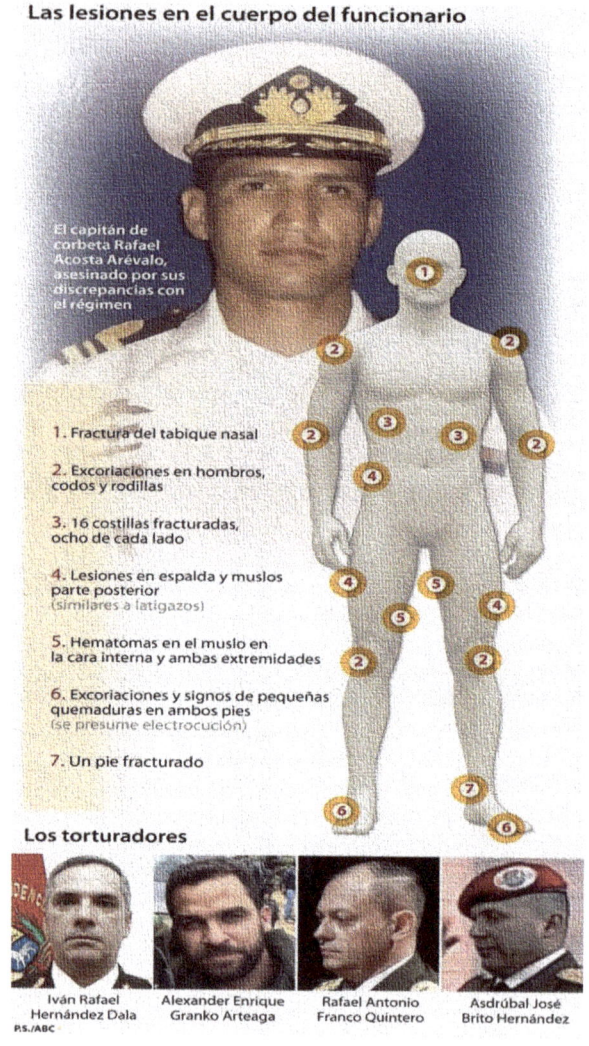

Ilustración 5.- Infografía indicando las evidencias de Tortura en el cuerpo del Capitán de Corbeta Rafael Acosta Arévalo

Otra muerte bajo custodia policial

A ese asesinato se refirió el corresponsal de *BBC News Mundo* en Venezuela, Guillermo Olmo, en los siguientes términos:

-Volvió a ocurrir. Tan solo unos pocos días después de que Nicolás Maduro reafirmara su compromiso con los derechos humanos durante la visita de Michelle Bachelet al país, un detenido murió mientras permanecía bajo custodia de las fuerzas de seguridad.

Como ya le sucedió al concejal opositor Fernando Albán, que cayó por la ventana de un edificio del SEBIN, el Capitán Acosta Arévalo perdió la vida cuando más protegida debía estar, mientras estaba bajo supervisión del Estado.

No puede haber más categórico desmentido a las palabras de Maduro que la muerte de otro detenido.

La situación de los privados de libertad en Venezuela, con decenas de muertes registradas en los centros de detención, es tan alarmante que la comisionada Bachelet le demandó al gobierno que autorice a su equipo acceso a los mismos.

Al final sentenció:

-Para Acosta Arévalo, como para Fernando Albán, toda medida llegará tarde.

Un acto noticioso importante

El socialismo del siglo XXI, con sus abusos y arbitrariedades en contra de la libertad de prensa y expresión, le puso fin al periodismo impreso, radial y televisivo. En Venezuela no hay ni periódicos ni revistas. También la narcodictadura aniquiló los programas de opinión y humorísticos audiovisuales.

Afortunadamente la Internet, con sus redes sociales, ha permitido que un sector importante de la población tenga acceso a lo que ocurre en el país y el resto del mundo, aunque el socialismo, la peste del siglo XXI, de igual modo ha bloqueado portales como *Runrunes*, del periodista Nelson Bocaranda, cuyo pasaportee árbitramente le fue anulado por el SAIME, al igual que el de muchos otros comunicadores sociales; *El Pitazo, Punto de Corte, Venepress, Maduradas, Su Noticiero, etc.*

Un texto publicado en su cuenta en Twitter por el periodista Eligio Rojas dio a conocer a la opinión pública nacional e internacional el resultado de la autopsia practicada a la víctima en la Medicatura Forense. Esa vía digital también fue empleada por la viuda, Waleswka Pérez de Acosta, para denunciar su desaparición forzosa y las torturas aplicadas en todo su cuerpo por funcionarios de la siniestra DGSIM.

A continuación, algunos de los titulares de las noticias sobre el asesinato del Capitán de fragata Rafael Acosta Arévalo publicadas en la Web:

"**Acosta Arévalo: conozca más sobre el oficial muerto por torturas de la DGSIM**". El Pitazo. Consultado el 13 de julio de 2019.

"**Acosta Arévalo Rafael Ramón - Edo. Amazonas - Venezuela**". Dateas. Consultado el 3 de julio de 2019.

Singer, Florantonia (1 de julio de 2019). "**Muere el militar detenido por conspirar contra Maduro**". El País. ISSN 1134-6582. Consultado el 3 de julio de 2019.

"**Ministro Padrino López informó la muerte del Capitán Rafael Acosta Arévalo**". Noticiero Venevisión. 29 de junio de 2019. Consultado el 3 de julio de 2019.

"**Guaidó firmó ascenso post mortem de Rafael Acosta Arévalo a Capitán de fragata**". Crónica. 2 de julio de 2019. Consultado el 5 de julio de 2019.

"**EE. UU. condena a Maduro por la muerte del Capitán de Corbeta Rafael Acosta Arévalo**". Voice of America. 1 de julio de 2019. Consultado el 3 de julio de 2019.

Mariana Souquett (1 de julio de 2019). "Familia del Capitán Rafael Acosta Arévalo exige entrega de su cuerpo".

Efecto Cocuyo. Archivado desde el original el 2 de julio de 2019. Consultado el 3 de julio de 2019.

"**Esposa del Capitán Rafael Acosta Arévalo pide a la ONU hacer examen forense**". Panorama. 29 de junio de 2019. Archivado desde el original el 2 de julio de 2019. Consultado el 3 de julio de 2019.

"**Esposa de Rafael Acosta dice que el régimen lo mató: -Mis hijos quedaron huérfanos de padre-**". El Comercio. 29 de junio de 2019. Consultado el 3 de julio de 2019.

"**Un militar venezolano fue torturado y asesinado por agentes de la Contrainteligencia chavista**". INFOBAE. 29 de junio de 2019. Consultado el 3 de julio de 2019.

"**Agentes de la inteligencia de Maduro mataron a golpes al Capitán Acosta**". ABC. 4 de julio de 2019. Consultado el 4 de julio de 2019.

"**Muerte del Capitán de Corbeta Rafael Acosta Arévalo reaviva crisis política**". Supuesto Negado. 2 de julio de 2019. Consultado el 3 de julio de 2019.

"**Tamara Sujú: -Al Capitán Acosta Arévalo lo colgaron desnudo en un árbol-**". El Nacional. 12 de julio de 2019.

Bocaranda, Nelson (30 de junio de 2019). "**¿Acaso un segundo Albán? ¿Torturas en DGSIM provocaron la muerte al C.C. Acosta Arévalo? por

Nelson Bocaranda". Runrunes. Consultado el 4 de julio de 2019.

"**Rocío San Miguel detalla las implicaciones del asesinato de Rafael Acosta**". Venezuela Al Día. 5 de julio de 2019. Consultado el 29 de junio de 2019.

"**Periodista Eligio Rojas publicó supuesto extracto de autopsia de Acosta Arévalo**". Noticiero digital. 2 de julio de 2019. Archivado desde el original el 3 de julio de 2019. Consultado el 3 de julio de 2019.

"**Rafael Acosta Arévalo: fiscalía pide el arresto de dos oficiales por muerte del Capitán acusado de conspirar contra Maduro**". BBC Mundo. 1 de julio de 2019. Consultado el 3 de julio de 2019.

"**Palabra DGSIM desaparece en Twitter tras denuncias por la muerte del C/C Rafael Acosta Arévalo**". La Patilla. 29 de junio de 2019. Consultado el 4 de julio de 2019.

"**Cabello sobre caso del Capitán Acosta: Cada quien asuma su responsabilidad, confiamos en nuestra justicia #3Jul**". El Impulso (Venezuela). 3 de junio de 2019. p. El Impulso. Consultado el 3 de julio de 2019.

"**Las contradicciones del gobierno en la muerte del Capitán Rafael Acosta Arévalo**".

Runrun.es. 30 de junio de 2019. Consultado el 4 de julio de 2019.

"Delito Imputado A funcionarios De La DGSIM Por Muerte Del Capitán Acosta Tiene Una Pena Máxima De 9 Años De Prisión". Reporte Confidencial (Sumarium). 1 de julio de 2019. Consultado el 4 de julio de 2019.

"Ortega Díaz inicia investigación por asesinato del C/C Acosta Arévalo". La Patilla. 30 de junio de 2019. Consultado el 4 de julio de 2019.

'Cadáver del Capitán Acosta muestra 16 costillas rotas y quemaduras por posible electrocución". El Pitazo. 3 de julio de 2019. Consultado el 4 de julio de 2019.

"Autopsia de Rafael Acosta Arévalo revela lesiones graves por posible golpiza". Tal Cual. 2 de julio de 2019. Consultado el 3 de julio de 2019.

"Filtran autopsia del Capitán Acosta Arévalo que confirma que fue torturado". El Nacional. 3 de julio de 2019. Consultado el 3 de julio de 2019.

"Fiscalía imputó a dos militares por muerte del Capitán Acosta Arévalo". Panorama. 3 de julio de 2019. Archivado desde el original el 2 de julio de 2019. Consultado el 3 de julio de 2019.

"Delito imputado a funcionarios de la DGSIM por muerte del Capitán Acosta tiene una

pena máxima de 9 años de prisión". Sumarium. 1 de julio de 2019. Consultado el 4 de julio de 2019.

Crónica Uno (2 de julio de 2019). "**Caso del Capitán Acosta Arévalo revela que la Ley contra la Tortura es letra muerta**". Consultado el 4 de julio de 2019.

"**Acosan a suegros del Capitán Acosta Arévalo luego de su entierro controlado por gobierno de Maduro**". Crónica Uno. 11 de julio de 2019. Consultado el 12 de julio de 2019.

"**Hermana de Acosta Arévalo identificó el cuerpo y proceden a la inhumación controlada**". El Pitazo. 10 de julio de 2019. Consultado el 11 de julio de 2019.

"**El régimen de Nicolás Maduro enterró el cuerpo del Capitán Rafael Acosta Arévalo en un ataúd sellado y contra la voluntad de la familia**". INFOBAE. 10 de julio de 2019. Consultado el 11 de julio de 2019.

"**Allanaron residencia de los suegros del Capitán Acosta Arévalo**". Runrun.es (El Nacional). 11 de julio de 2019. Consultado el 12 de julio de 2019.

"**Portavoz alemán dice que deceso del C/C Acosta Arévalo es un obstáculo para una salida negociada en Venezuela**". Apunto en Línea. 1 de julio de 2019. Archivado desde el original el 4 de julio de 2019. Consultado el 4 de julio de 2019.

"Repudio internacional y llamados a la ONU tras muerte de militar detenido en Venezuela". El Heraldo (AFP). 30 de junio de 2019. Consultado el 4 de julio de 2019.

"EE. UU. sanciona a la Contrainteligencia de Venezuela por muerte de un militar". La Vanguardia. 11 de julio de 2019.

"Francia condenó muerte de Acosta Arévalo y reclamó una investigación". El Nacional. 1 de julio de 2019. Consultado el 4 de julio de 2019.

"Iván Duque sobre muerte de C/C Acosta Arévalo: El mundo debe ponerle fin a esa dictadura". La Patilla. 30 de junio de 2019. Consultado el 4 de julio de 2019.

"Borrell considera sospechosa muerte del Capitán Rafael Acosta". Descifrado. 3 de julio de 2019. Consultado el 3 de julio de 2019.

"México expresó su preocupación por la muerte del Capitán Rafael Acosta". El Nacional. 1 de julio de 2019. Consultado el 1 de julio de 2019.

"Delsa Solórzano pide a Bachelet aplicar protocolo de Minnesota por caso del C/C Acosta Arévalo". El Carabobeño. 30 de junio de 2019. Consultado el 4 de julio de 2019.

Dayimar Ayala Altuve (30 de junio de 2019). "**Muerte del Capitán Acosta detonó la suspensión** de nueva ronda de mediación - El Pitazo". El Pitazo. Consultado el 1 de julio de 2019.

"**Guaidó ascendió a Capitán de fragata a Rafael Acosta Arévalo**". El Nacional. 1 de julio de 2019. Consultado el 3 de julio de 2019.

"**PROVEA pide al equipo de Bachelet en Venezuela qué Maduro de explicación sobre caso del C/C Rafael Acosta**". La Patilla. 29 de junio de 2019. Consultado el 4 de julio de 2019.

"**COFAVIC emite comunicado por el caso del Capitán Rafael Acosta Arévalo**". Runrun.es. 1 de julio de 2019. Consultado el 4 de julio de 2019.

"**Alto oficial venezolano dice que Capitán que murió tras torturas "conspiró" por 10 años**". E Comercio (Perú). 5 de junio de 2019. Consultado el 5 de julio de 2019.

"**Corona en honor al C/C Acosta Arévalo es dejada en Comandancia General de la Armada**". 2001. 30 de junio de 2019. Consultado el 4 de julio de 2019.

"**Bota militar aparta ofrenda floral a Acosta Arévalo en la Comandancia de la Armada**". El Pitazo. 2 de julio de 2019. Consultado el 4 de julio de 2019.

Latigazos, fracturas y electrocución

El 3 de julio de 2019 el periodista Ángel David Quintero, del portal Analítica, publicó la información que le suministrara el director de Actuación Procesal del Ministerio Público en el exilio, Zair Mundaray, respecto a las acciones de tortura que reveló la autopsia del Capitán Acosta Arévalo.

Ilustración 6.- Zayr Mundaray

En efecto, el informante y detalló que en el cuerpo de la víctima se encontraron "16 arcos costales fracturados, 8 de cada lado, las 3 primeras y la última en buen estado, de ambos lados". Igualmente "Fractura de tabique nasal, excoriaciones en hombros, codos, rodillas, hematomas en el muslo cara interna, ambas extremidades".

El Ministerio de Propaganda de la narcodictadura había informado que durante los días 23 y 24 de junio fue desactivado un golpe de Estado que incluía el asesinato de Nicolás Maduro y los principales líderes del PSUV. El Capitán de Navío Rafael Acosta Arévalo fue torturado hasta la muerte por oficiales de la sanguinaria Dirección General de Contra Inteligencia Militar, más conocida por sus siglas DGSIM. Se le vio con vida por última vez cuando fue presentado ante el tribunal de la causa y no podía mantenerse en pie o hablar

Mundaray además reveló que encontraron lesiones similares a latigazos en espalda y muslos parte posterior, un pie fracturado, múltiples excoriaciones y signos de pequeñas quemaduras en ambos pies, se presume electrocución

"Por más que intenten no pueden ocultar este crimen", denunció.

Sobre esa barbarie la periodista Tamoa Calzadilla, de *Univisión*, escribió un extenso y revelador reportaje el 3 de julio de 2019.

-El cadáver del Capitán de Corbeta Rafael Acosta Arévalo –refirió- muestra 16 costillas rotas y quemaduras por posible electrocución". El examen forense que dio a conocer el fiscal director de actuación procesal (en el exilio) Zair Mundaray revela lo que las denuncias de sus familiares y defensores de derechos humanos habían advertido: el militar fue víctima de tortura mientras estuvo bajo custodia de la Dirección General de Contrainteligencia Militar (DGSIM), en Caracas, Venezuela.

Y agregó:

-Los detalles hablan del trato cruel que padeció este hombre antes de morir, el pasado 29 de junio en el hospital militar. Su esposa, Waleska Pérez, y el abogado Alonso Medina Roa contaron que Acosta Arévalo fue llevado finalmente al juicio en silla de ruedas, que apenas podía moverse, estaba desorientado y adolorido y alcanzó a decirle a su defensor "Auxilio". Luego de eso el juez ordenó llevarlo al centro de salud custodiado por militares, donde murió.

El hecho ocurrió seis días después de ese 23 de junio cuando Michelle Bachelet, la comisionada para Derechos Humanos de la ONU concluyó su visita oficial en Venezuela, no sin antes dejar recomendaciones. Los tres días de visita –que implicaron reuniones con Nicolás Maduro y sus funcionarios, pero también con el presidente interino Juan Guaidó, víctimas de violación de derechos humanos y directivos de organizaciones independientes– culminaron con un acuerdo con el régimen para establecer dos delegados de su oficina de modo permanente en el país para el monitoreo, asesoría y asistencia técnica.

Sobre ese particular, con información de Rafael Uzcátegui, coordinador de la ONG PROVEA, señaló que efectivamente los referidos técnicos "Están aquí en Venezuela, pero el acuerdo no se está cumpliendo".

El lunes 1 de julio, Bachelet se vio obligada a expresar su preocupación por los derechos humanos en Venezuela.

En otra parte del reportaje la periodista mencionó que la nueva escalada de abusos y represión contra la población venezolana constituye un patrón que han denunciado activistas de derechos humanos, como la organización PROVEA que advirtió al respecto:

-Las expresiones de descontento y las supuestas conspiraciones a lo interno de la Fuerza Armada Nacional..., son castigadas con total severidad. En 2018 PROVEA registró un total de 100 casos de torturas con igual número de víctimas individualizadas. La mayoría de ellas fueron miembros de la Fuerza Armada Nacional... arrestados por la Dirección General de Contrainteligencia Militar (DGSIM), luego de haber sido acusados de participar en conspiraciones para derrocar a la dictadura de Nicolás Maduro.

Calzadilla recordó igualmente que "Antes de la visita de la comisionada Bachelet, una parte de su grupo de trabajo visitó el país como antesala, pero eso no detuvo al régimen madurista para mostrar una particular saña en casos de violación de derechos.

El pronunciamiento de Ecuador y Estados Unidos

El 1 de julio el Ejecutivo de Ecuador condenó su muerte y pidió una investigación independiente para establecer las circunstancias del luctuoso hecho.

Así lo reseñó *El Nacional*, con información de la agencia EFE,

-En un comunicado de la Cancillería, -refirió el periódico- el gobierno de Ecuador condenó enérgicamente las circunstancias que llevaron a la muerte del Capitán de la Marina venezolana, Rafael Acosta Arévalo, quien fue detenido el 21 de junio junto a tres soldados y dos agentes de policía, por fuerzas policiales de la Dirección General de Contrainteligencia Militar de Venezuela.

Además, el texto oficial recoge que, de acuerdo con informaciones independientes, el fallecimiento del militar ocurrió después de haber sufrido torturas y malos tratos durante su arresto, pese a la violación de leyes venezolanas y tratados internacionales e interamericanos que condenan tales prácticas.

Por ello, Ecuador expresa su solidaridad con los familiares del Capitán Acosta y hace un llamado a que se adelante una investigación independiente con el apoyo de la Oficina de la Alta Comisionada de las Naciones Unidas para los Derechos Humanos.

Dicha indagación debe aclarar la muerte del Capitán Acosta y llevar a quienes fueron responsables ante los tribunales correspondientes, finalizó el comunicado de la Cancillería.

En la misma fecha, el fiscal general de la narcodictadura, Tarek William Saab, anunció la detención de dos militares por su presunta responsabilidad en la muerte del Capitán Acosta, detenido por funcionarios de la DGSIM el 21 de junio.

Por su parte, la secretaria de Estado adjunta de EE. UU. para Latinoamérica, Kimberly Breier, según un despacho de la referida agencia de noticias, culpó al narcodictador Nicolás Maduro y a sus asesores cubanos de ser los responsables de la muerte del Capitán Acosta Arévalo. que estaba detenido y bajo custodia del Estado venezolano por su supuesta implicación en una conspiración para dar un golpe de Estado.

-Maduro –acusó la alta funcionaria del gobierno norteamericano- continúa matando, robando y mintiendo para aferrarse al poder. Apoyamos al pueblo de Venezuela en su lucha por restaurar democracia", aseveró.

El Nacional añadió:

-Ya el domingo por la noche, la portavoz del Departamento de Estado, Morgan Ortagus, condenó en un comunicado la muerte de Acosta Arévalo y aprovechó para pedir a la comunidad internacional que actúe contra Maduro.

A su juicio, "este último acto bárbaro de Maduro debe llevar a actuar" a la comunidad internacional.

"EE. UU. hace un llamado a las democracias del mundo para que se unan a nosotros en la condena de sus últimas violaciones de los derechos humanos y para que apliquen presión para lograr que los agresores rindan cuentas", aseveró Ortagus, y adicionó:

-Este asesinato sin sentido es una evidencia continúa de que Maduro continuará matando a su gente, robando a la nación venezolana y mintiendo al mundo para quedarse en el palacio de Miraflores. Unámonos y apoyemos al pueblo de Venezuela en su búsqueda por el fin inmediato de estos actos atroces y la restauración de su democracia.

Ascenso post mortem

Ilustración 7.- Humberto Calderón Berti hace entrega del Decreto de Ascenso Post Mortem a la viuda e hijos del Capitán de Corbeta Rafael Acosta

El 1 de agosto de 2019, en Bogotá, el entonces embajador en Colombia del gobierno del presidente Juan Guaidó, Humberto Calderón Berti, en un emotivo y sentido acto, realizado en la sede de la embajada, hizo entrega formal a la viuda e hijos del Capitán de Corbeta de la Armada, Rafael Acosta Arévalo, de un ejemplar del decreto mediante el cual el presidente interino de Venezuela Juan Guaidó, asciende post morten, al grado de Capitán de Fragata, al militar torturado y asesinado por el régimen de Nicolás Maduro. Con este ascenso se "exalta el espíritu de sacrificio y valores demostrados" por el Capitán Acosta Arévalo, reza el decreto.

El 2 de julio el presidente Juan Guaidó había anunciado desde la Asamblea Nacional, la firma del mencionado decreto. Minutos después y a través de la red social Twitter, ratificó que la lucha "también será en su nombre y el de su familia para lograr la libertad, la democracia y hacer justicia".

Asimismo, la señora Waleswka Pérez junto a sus hijos, también recibió de manos del embajador Calderón Berti, una misiva enviada por el presidente Guaidó, en su nombre y el del pueblo venezolano, donde muestra su solidaridad en tan duros momentos y señala que dicho decreto es "una manifestación reivindicadora del heroico esfuerzo del ahora Capitán de Fragata Rafael Acosta Arévalo, así como de la gloriosa institución de la Armada Nacional que también pretendieron mancillar con tan ignominioso asesinato".

A la viuda del Capitán de Fragata, también le fue obsequiada la bandera de Venezuela como símbolo del reconocimiento y respeto del pueblo de Venezuela a la memoria del Capitán Acosta Arévalo

Funcionarios de la embajada de Venezuela en Colombia estuvieron presentes en el sentido acto, así como el reconocido constitucionalista y académico doctor Enrique Sánchez Falcón, consultor jurídico de la Asamblea Nacional, quien en nombre del presidente Juan Guaidó, leyó el acuerdo de ascenso. Luis Velázquez y José Vallejo, pertenecientes a la diáspora del Sistema Nacional de Orquestas, junto al joven cantante Alexander Bea, interpretaron el Himno Nacional de la república de Venezuela. Los presentes recordaron a los cientos de presos políticos y militares que aún llenan las cárceles de Venezuela y que a diario son víctimas de torturas y tratos crueles, degradantes e inhumanos, como a los que fue sometido el Capitán de Corbeta, Rafael Acosta Arévalo y que le ocasionaron la muerte.

La detención

La aprehensión del Capitán de Fragata Rafael Acosta Arévalo se produjo el 21 de junio de 2019 por quienes identificó su esposa Waleswka Pérez, como agentes del Servicio Bolivariano de Inteligencia Nacional, SEBIN, y la Dirección General de Contrainteligencia Militar, DGSIM, por presuntamente participar en un complot contra Nicolás Maduro.

El 29 de junio, la Fiscalía de la Constituyente Cubana, a cargo de Tarek William Saab informó a través de su cuenta de Twitter que "acusa a Acosta y a otros 13 "civiles y militares en retiro" de formar parte de un "grupo subversivo liderado por Juan Guaidó", que había planeado un "golpe de Estado previsto para el 23 y 24 de junio".

El Nacional recordó también que el oficial naval fue visto con vida, el viernes 28 de junio durante una audiencia de presentación, y testigos relatan que Acosta se encontraba en silla de rueda, no podía hablar y tenía signos de haber sido salvajemente golpeado, lo que condujo a su muerte.

La referida fuente de información reveló igualmente lo que sigue:

-Tres días después se conoció un documento de la autopsia practicada al cuerpo del Capitán Acosta.

En una captura de dicho documento oficial se lee: "la causa de muerte fue un edema cerebral severo debido a insuficiencia respiratoria aguda debido a tromboembolismo pulmonar debido a rabdomiólisis por politraumatismo generalizado". El director de actuación procesal del Ministerio Público en el exilio, Zair Mundaray, informó que entre los hallazgos medicolegales en el cuerpo del Capitán están: "16 arcos costales fracturados, fractura de tabique nasal, excoriaciones en hombros, codos, rodillas, hematomas en el muslo en la cara interna y ambas extremidades. Lesiones (similares a latigazos) en espalda y muslos parte posterior, un pie fracturado, múltiples excoriaciones y signos de pequeñas quemaduras en ambos pies (se presume electrocución)". "Por más que intenten no pueden ocultar este crimen" aseveró.

A renglón apuntó:

-En un comunicado oficial dado a conocer por el régimen de Nicolás Maduro se afirma que Acosta Arévalo estaba imputado por "graves actos de terrorismo, sedición y magnicidio en grado de frustración" y se asegura que la investigación que llevó a la detención de los presuntos conspiradores "se ha realizado con respeto absoluto al debido proceso y a los derechos humanos".

Mediante tortura los esbirros de la narcodictadura asesinaron al Capitán de fragata Acosta Arévalo y la propaganda oficial dirigida por el psiquiatra Jorge Rodríguez, especie de redivivo Joseph Goebbels tropical, le mintió descaradamente al pueblo en un comunicado donde afirmó que se le respetaron sus derechos humanos por estar bajo custodia del Estado. Menos mal que los delitos de lesa humanidad no prescriben y los autores de los asesinatos del inspector Óscar Pérez, el concejal Fernando Albán, el Capitán de fragata Rafael Acosta Arévalo y de otros centenares de presos políticos civiles y militares recibirán justo castigos, aparte del desprecio que siente el pueblo venezolano hacia esos criminales

Tarek William Saab, fiscal de la constituyente cubana informó días después que, "se ha establecido la vinculación de dos funcionarios adscritos a la Dirección General de Contra Inteligencia Militar con este lamentable hecho" y solicitó la detención preventiva del Tte. (GNB) Ascanio Antonio Tarascio y el Sgto. 2° (GNB) Estiben José Zarate, como presuntos responsables, acusándolos de "homicidio preterintencional".

Esta aseveración del Fiscal designado por la espuria Asamblea Constituyente echa por tierra la versión ofrecida por el dictador Maduro, sobre cuyos hombros pesa el asesinato del valiente oficial de la Armada Venezolana. Este hecho fue denunciado con pruebas gráficas ante la Corte Penal Internacional como un abominable crimen a manos de la tiranía madurista.

Fue torturado

El 4 de julio de 2019, bajo el título "Filtran autopsia del Capitán Acosta Arévalo que confirma que fue torturado", el diario El Nacional expresó en el resumen; "El examen indica que el Capitán de Corbeta murió debido a rabdomiólisis por politraumatismo generalizado.

El término refiere a que fue víctima de aplastamiento, tortura, traumatismo y electroestimulación"

En el cuerpo de la noticia precisó:

-El periodista Eligio Rojas publicó este lunes parte del informe de la autopsia que se le hizo al cuerpo del Capitán Rafael Acosta Arévalo.

En la información que Rojas compartió en Twitter se determina que la causa de la muerte fue un edema cerebral fuerte por una insuficiencia respiratoria aguda, debido a rabdomiólisis por politraumatismo generalizado. Luego de conocerse el informe, periodistas e integrantes de distintas ONG reafirmaron que Acosta Arévalo fue asesinado debido a las torturas.

"Rabdomiólisis: síndrome de necrosis muscular que presentan las víctimas de terremotos, bombardeos, derrumbes de edificios. Es decir, que el Capitán de Corbeta Rafael Acosta Arévalo fue literalmente aplastado", escribió la periodista Lisseth Boon en la red social.

Por su parte, la presidente de Control Ciudadano, Rocío San Miguel, indicó que, con el informe publicado, el delito de los presuntos autores debe cambiar.

"Ya es oficial. El Capitán Rafael Acosta Arévalo fue brutalmente torturado hasta ocasionarle la muerte. La rabdomiólisis tiene entre sus causas el aplastamiento, la tortura, traumatismos y electroestimulación.

Con este informe debe cambiar el delito imputado a presuntos autores", señaló San Miguel por Twitter. A su vez, la abogada Tamara Sujú recalcó que la tortura tiene "cadena de mando".

Acosta Arévalo fue detenido el pasado 21 de junio por funcionarios de la Dirección General de Contrainteligencia Militar y fue trasladado a la sede de los tribunales militares, en Fuerte Tiuna, el 28 de junio. El Capitán llegó en silla de ruedas sin poder mover las manos ni las piernas, con los ojos desorbitados y pidiendo auxilio, denunciaron los familiares y el abogado Alonso Medina Roa.

El Capitán fue trasladado al Hospital Militar Vicente Salias, en Fuerte Tiuna, donde murió el sábado 29 de junio en la madrugada.

La Defensoría del Pueblo no cumple sus funciones

El 3 de julio de 2019, en el portal *Prodavinci*, Jesús Alejandro Loreto C, escribió el artículo "Las poco sutiles diferencias entre homicidio y tortura", donde se lee:

-El Defensor del Pueblo, Alfredo José Ruíz Angulo, es prácticamente un desconocido para los venezolanos, Aún En el horario se dirigió fundador y perteneció a una reconocida ONG de promoción y defensa de los derechos humanos en Venezuela, denominada Red de Apoyo por la Justicia y la Paz.

Y aunque tiene un rol determinante en la "Ley Especial para Prevenir y Sancionar la Tortura y otros tratos crueles, inhumanos o degradantes", toda su voz no se escucha dentro de defensa de ninguno de los torturados dentro de cárceles venezolanas.

Ese cargo fue incluido en la Constitución chavista de diciembre de 1999, la cual le atribuyó las siguientes funciones:

Inspeccionar libremente las dependencias y establecimientos de los órganos del Estado, así como cualquiera otra institución o empresa a fin de garantizar la protección de los DDHH.

Presentar iniciativas de ley u ordenanzas, o formular recomendaciones, con relación a los DDHH.

Promover la suscripción, ratificación, adhesión, difusión y aplicación de tratados, pactos y convenciones relativos a DDHH.

Promover, divulgar y ejecutar programas educativos y de investigación para la difusión y efectiva protección de los DDHH.

Proteger a las personas contra las arbitrariedades y desviaciones de poder.

Servir de facilitador en la resolución de conflictos en materias de DDHH.

Solicitar a las personas e instituciones la información o documentación relacionada al ejercicio de sus funciones, sin que pueda oponérsele reserva alguna.

Tomar acciones frente a la amenaza o violación de los DDHH.

Velar por el correcto funcionamiento de los servicios públicos y la conservación y protección del medio ambiente.

Velar por los DDHH y de los pueblos indígenas.

Velar por los derechos y garantías de las personas privadas de libertad.

Hasta julio de 2020 la Defensoría del Pueblo, convertida en una institución al servicio, primero, del dictador Hugo Chávez y Frías, y después, del narcodictador Nicolás Maduro

Quien primero ocupó ese cargo fue Dilia Parra Guillén, sucedida por el tristemente célebre Germán Mundarain, autor de la infeliz frase "En Venezuela no hay presos políticos, sino políticos presos". A ese funcionario lo sucedió Gabriela Ramírez, anodina como los anteriores, y a ésta, Tarek William Saab, quien justificó el asesinato del inspector Óscar Pérez por tratarse de razones de Estado, Este dejó el cargo

*para convertirse, ilegítimamente, en fiscal
general del narcodictador Nicolás
Maduro. Fue sustituido por Germán
Ruiz, el más anodino de todos. A
quienes todo el pueblo los calificó de
"defensores del puesto".*

Ese funcionario, garante de los derechos humanos, recordó el autor del artículo en referencia apareció tres días de que el Capitán de Corbeta Rafael Acosta Arévalo murió, luego de ser llevado al tribunal donde dijo que viajó torturado.

Sobre su formación académica el articulista explicó:

-Ruíz Angulo es licenciado dentro de Educación, mención Filosofía, egresado de la Universidad Católica Andrés Bello; realizó estudios de posgrado sobre investigación educativa dentro del Centro de Reflexión y Planificación Educativa (CERPE) dentro de Caracas y de Derechos Humanos dentro de la Universidad de Verano en Ginebra, Suiza. O sea, es un hombre preparado académicamente.

Advirtió, asimismo:

-El funcionario no se ha fijado En el artículo de la Ley acerca de torturas, donde queda Ciertamente establecido que ya los sujetos de esa ley son los funcionarios de la Fuerza Armada Nacional Bolivariana, la Policía Nacional Bolivariana, las policías estatales, municipales, los cuerpos de seguridad ciudadana y los cuerpos de seguridad del Estado, que violenten los derechos humanos.

De la misma forma añade a los funcionarios públicos adscritos al sistema penitenciario y al sistema nacional de salud.

La Ley acerca de tortura se dirigió suscrita, dentro de junio de 2013, hace seis años exactamente, por el luego primer magistrado de la Asamblea Nacional, Diosdado Cabello Rondón, dentro de la primera vicepresidencia Darío Vivas, Blanca Eekhout dentro de la segunda y Víctor Clark en la secretaria. Y define Ciertamente lo que son:

1. Violación de derechos humanos.

2. Tortura: son actos por los que ya se inflige intencionadamente a una persona dolores o bien sufrimientos, ya sea físicos o bien mentales, con la pretensión de conseguir de ella o bien de un tercero, data o una confesión, de castigarla por una ceremonia que ya haya cometido, o de intimidar o bien coaccionar a esa persona o a otras. También se entenderá Al igual que tortura la aplicación acerca de una persona de métodos tendientes a anular la personalidad de la víctima o a disminuir su capacidad física o mental; Aunque no acusen dolor físico o bien angustia psíquica.

3. Trato cruel: son actos bajo los cuales se agrede o bien maltrata intencionalmente a una persona, sometida o bien no a privación de libertad, con el fin de castigar o quebrantar la resistencia física o bien ética de ésta, generando sufrimiento o daño físico.

4. Trato inhumano o bien degradante: Cuando se agrede psicológicamente a otra persona, sometida o bien no a privación de libertad, ocasionándole temor, angustia, humillación; o un grave ataque en contra de toda su dignidad, con la finalidad de castigar o quebrantar toda su voluntad o bien resistencia moral.

El articulista de igual modo apuntó:

-Si algo ha sido inútil para los familiares de los torturados en la Dirección General de Contrainteligencia Militar (DGSIM) es lo especificado Dentro del artículo 6 de esa Ley, dentro de cuanto a que ya las víctimas y familiares de tortura, tratos crueles, inhumanos y degradantes tienen derecho a exigir medidas de protección y seguimiento, y medidas de prevención a los órganos y entes competentes.

No acatan la Ley ni siquiera pues sentencia que "es de carácter obligatorio para los órganos competentes dentro de materia de seguridad ciudadana y de prevención, acoger de forma urgente estas medidas y proteger a las víctimas de tratos crueles, inhumanos y degradantes".

El artículo 11 crea la "Comisión Nacional de Prevención de la Tortura y otros Tratos Crueles, Inhumanos o bien Degradantes", que ya estará integrada a la estructura organizativa de la Defensoría del Pueblo. Ahora bien, si es que dentro de la Defensoría se niegan a percibir las denuncias, qué van a estar dándole curso a las medidas de protección.

Al final indicó:

-Por cierto, que esta Ley añade a los médicos que ya falseen informes doctores legal, psicológico o bien mental, u omita la mención de signos de tortura o bien maltrato, fijando que será sancionado con pena de ocho a doce años de cárcel y suspensión de la licencia por un período equivalente a la pena.

La estructura de tortura cuenta asimismo con la inacción de la Defensoría, que no recibe denuncias, no asiste a las solicitudes de familiares de los detenidos y se niega a confirmar dentro de qué condiciones están los oficiales o bien civiles en los sótanos de la DGSIM.

¿Quién lo presentó y quién filtró la autopsia?

El 4 de julio de 2019, *TalCual*, con información del diario español *El País*. reseñó:

-Una disputa por la autopsia del Capitán de Fragata de la Armada Rafael Acosta Arévalo, muerto bajo custodia de agentes de la Dirección General de Contrainteligencia Militar (DGSIM), enfrenta al régimen de Nicolás Maduro contra políticos opositores y activistas de varios países.

-El lunes, los médicos forenses adscritos al Ministerio Público –controlado por el oficialismo– examinaron el cadáver con hermetismo. Nadie ajeno al círculo gubernamental pudo constatar rastros de tortura. Sin embargo, Zair Mundaray, un exfiscal en el exilio difundió un informe que le fue filtrado y que hace alusión a que el cuerpo del Capitán presentaba costillas fracturadas, tabique nasal roto, excoriaciones, hematomas en los muslos y quemaduras en los pies.

Hasta este miércoles, el cuerpo estaba en la morgue de Bello Monte, la principal de Caracas, resguardado por agentes del aparato chavista. Waleswka Pérez, viuda de Acosta, exigió que expertos independientes analizaran el cuerpo frente a posibles distorsiones en el resultado forense.

Su petición fue replicada por la opositora Asamblea Nacional, decenas de Gobiernos extranjeros y por Michelle Bachelet, alta comisionada de Naciones Unidas para los Derechos Humanos, que exhortó en un comunicado a las autoridades a realizar una investigación transparente e imparcial.

Pero Diosdado Cabello, vicepresidente del Partido Socialista Unido de Venezuela (PSUV), aclaró que las riendas del caso serían llevadas por el Gobierno. "Aquí hay organismos de seguridad que están investigando. Venezuela no es un país tutelado", dijo en una rueda de prensa.

El reportaje de *El País*. glosado por *TalCual*, señaló a continuación:

-Acosta fue detenido por presuntamente conspirar en un plan para derrocar y asesinar a Maduro, el 21 de junio, horas antes de concluir una visita de tres días de Bachelet a Venezuela. Nunca le fueron imputados los cargos de sedición y traición a la patria, según evidencian comunicados de la Fiscalía y el Ministerio de Defensa. En contraste, las denuncias por arbitrariedades en su detención aumentaron con los días en prisión. Su esposa asegura que se trató de una desaparición forzada. El viernes, el prisionero asistió a una audiencia de presentación en una silla de rueda, golpeado y confundido. Tras ser llevado a un hospital en el complejo militar Fuerte Tiuna, en Caracas, falleció el pasado sábado. "Les quiero decir que murió como un héroe, no como un asesino, ni como un corrupto, ni un narcotraficante. Murió queriendo a su país, apegado a la Constitución. Les quiero decir que vean este ejemplo, se tienen que unir y darle la libertad a Venezuela. Miren todo lo que está pasando, me lo mataron, mis hijos quedaron huérfanos", afirmó su viuda en una entrevista a un canal venezolano en Estados Unidos.

En el siguiente fragmento del reportaje expresó:

-La muerte revivió el espanto de la tortura en Venezuela. Es el escándalo más notorio después del extraño fallecimiento del concejal Fernando Albán, detenido por supuesta traición a la patria, que, según la versión oficial, cayó desde el décimo piso de la sede de la policía política en Caracas, en octubre pasado. Alonso Medina Roa, abogado de Acosta, denuncia que el régimen pretende evadir su culpabilidad al imputar solo a los guardias, Ascanio Antonio Tarascio Mejía y Estiben José Zarate Soto, por "homicidio preterintencional" para proteger al Gobierno. "No hay duda de que fue torturado, pretenden ignorar todo el tema de la legislación de tortura, el delito de tortura genera una responsabilidad individual y del Estado", explicó el litigante en una entrevista de radio.

Luego indicó:

La Asamblea Nacional ha solicitado la aplicación de protocolos internacionales para la investigación. La diputada Delsa Solórzano adelantó que indagarán desde el Parlamento. "Rafael Acosta Arévalo estaba brutalmente torturado. Tenía signos visibles de tortura, y el resto de los detenidos también han sido torturados (…) No podemos ser indiferentes ante esta situación y les enviamos nuestras condolencias a los miembros de la Fuerza Armada Nacional que se sienten afectados", dijo. Juan Guaidó, jefe del Legislativo y reconocido como presidente interino de Venezuela, tildó de "dictadura asesina" al régimen.

Y al final apuntó:

El líder opositor convocó a una movilización por la muerte del Capitán para este viernes, en Caracas. Esa misma fecha se espera que Bachelet presente su informe sobre derechos humanos en Venezuela. La Alta Comisionada de la ONU se mostró "conmocionada" por el asesinato de Acosta. De los 630 presos políticos existentes en el país, 109 son militares, según la ONG Foro Penal. Muchos denuncian ser torturados en sus celdas. "Mi esposo Ruperto Molina ha sufrido torturas. Los militares no tienen órdenes de aprehensión, son víctimas de las peores torturas: asfixia mecánica, descargas eléctricas, golpes, cortes en los pies", afirmó Keila Flores, esposa de un teniente coronel prisionero, en una sesión del Congreso, el martes.

Una autopsia controlada

La muerte por tortura del Capitán de Corbeta Rafael Acosta Arévalo no sació la crueldad del régimen, que después se ensañó contra los familiares y su cadáver, que no les fue entregado a éstos para que le dieran cristiana sepultura, y permaneció doce días secuestrado por órganos represivos de esa sanguinaria dictadura.

Un despacho del periodista Luis Felipe Colmenárez, del diario *La Prensa*, del Estado Lara, reportó:

-Luego de más de doce días en la morgue de Bello Monte, este miércoles finalmente fue entregado el cuerpo del fallecido general de Capitán de Corbeta Rafael Acosta Arévalo.

Por su parte Waleswka Pérez esposa del uniformado, tildó de "ilegal" el procedimiento que se realiza, sosteniendo que ella no ha contratado ningún servicio fúnebre por lo que calificó la entrega como un acto "controlado".

La nota periodística agregó:

-Los familiares de Acosta Arévalo habían indicado días atrás que pretendían enterrar el cuerpo en Maracay.

Se pudo conocer que el cuerpo fue trasladado al Cementerio del Este, sin embargo, diversos cuerpos de seguridad se encuentran desplegado en las calles para impedir el acceso al camposanto.

Familiares del difunto sostienen que se busca realizar las mismas acciones que en su momento se tomaron con Óscar Pérez.

En la autopsia realizada a la víctima se conoció que su muerte se debió a una rabdomiólisis a consecuencia de traumatismos severos.

Al final indicó:

-La disputa por la autopsia del Capitán Rafael Acosta eleva la tensión en Venezuela

La oposición acusa al Gobierno de Maduro de ocultar pruebas de tortura del militar detenido. La Asamblea Nacional pide aplicar protocolos internacionales

Al mismo tema se refirió el 4 de julio de 2019 Maolis Castro, del diario *El País*, de España.

Eb efecto, comenzó expresando:

-Una disputa por la autopsia del Capitán de Corbeta de la Armada Rafael Acosta Arévalo, muerto bajo custodia de agentes de la Dirección General de Contrainteligencia Militar (DGSIM), enfrenta al régimen de Nicolás Maduro contra políticos opositores y activistas de varios países.

Este lunes, los médicos forenses adscritos al Ministerio Público –controlado por el oficialismo– examinaron el cadáver con hermetismo. Nadie ajeno al círculo gubernamental pudo constatar rastros de tortura. Sin embargo, Zair Mundaray, un exfiscal en el exilio difundió un informe que le fue filtrado y que hace alusión a que el cuerpo del Capitán presentaba costillas fracturadas, tabique nasal roto, excoriaciones, hematomas en los muslos y quemaduras en los pies.

Maolis Castro agregó:

-Hasta este miércoles, el cuerpo estaba en la morgue de Bello Monte, la principal de Caracas, resguardado por agentes del aparato chavista. Waleswka Pérez, viuda de Acosta, exigió que expertos independientes analizaran el cuerpo frente a posibles distorsiones en el resultado forense. Su petición fue replicada por la opositora Asamblea Nacional, decenas de Gobiernos extranjeros y por Michelle Bachelet, alta comisionada de Naciones Unidas para los Derechos Humanos, que exhortó en un comunicado a las autoridades a realizar una investigación transparente e imparcial. Pero Diosdado Cabello, vicepresidente del Partido Socialista Unido de Venezuela (PSUV), aclaró que las riendas del caso serían llevadas por el Gobierno. "Aquí hay organismos de seguridad que están investigando. Venezuela no es un país tutelado", dijo en una rueda de prensa.

Luego recordó:

-Acosta fue detenido por presuntamente conspirar en un plan para derrocar y asesinar a Maduro, el 21 de junio, horas antes de concluir una visita de tres días de Bachelet a Venezuela. Nunca le fueron imputados los cargos de sedición y traición a la patria, según evidencian comunicados de la Fiscalía y el Ministerio de Defensa. En contraste, las denuncias por arbitrariedades en su detención aumentaron con los días en prisión. Su esposa asegura que se trató de una desaparición forzada. El viernes, el prisionero asistió a una audiencia de presentación en una silla de rueda, golpeado y confundido. Tras ser llevado a un hospital en el complejo militar Fuerte Tiuna, en Caracas, falleció el pasado sábado. "Les quiero decir que murió como un héroe, no como un asesino, ni como un corrupto, ni un narcotraficante. Murió queriendo a su país, apegado a la Constitución. Les quiero decir que vean este ejemplo, se tienen que unir y darle la libertad a Venezuela. Miren todo lo que está pasando, me lo mataron, mis hijos quedaron huérfanos", afirmó su viuda en una entrevista a un canal venezolano en Estados Unidos.

Después acotó:

-La muerte revivió el espanto de la tortura en Venezuela. Es el escándalo más notorio después del extraño fallecimiento del concejal Fernando Albán, detenido por supuesta traición a la patria, que, según la versión oficial, cayó desde el décimo piso de la sede de la policía política en Caracas, en octubre pasado.

Alonso Medina Roa, abogado de Acosta, denuncia que el régimen pretende evadir su culpabilidad al imputar solo a los guardias, Ascanio Antonio Tarascio Mejía y Estiben José Zarate Soto, por "homicidio preterintencional" para proteger al Gobierno. "No hay duda de que fue torturado, pretenden ignorar todo el tema de la legislación de tortura, el delito de tortura genera una responsabilidad individual y del Estado", explicó el litigante en una entrevista de radio.

Luego observó:

La Asamblea Nacional ha solicitado la aplicación de protocolos internacionales para la investigación. La diputada Delsa Solórzano adelantó que indagarán desde el Parlamento. "Rafael Acosta Arévalo estaba brutalmente torturado. Tenía signos visibles de tortura, y el resto de los detenidos también han sido torturados (…) No podemos ser indiferentes ante esta situación y les enviamos nuestras condolencias a los miembros de la Fuerza Armada Nacional que se sienten afectados", dijo. Juan Guaidó, jefe del Legislativo y reconocido como presidente interino de Venezuela, tildó de "dictadura asesina" al régimen.

Los responsables del asesinato

Iván Hernández Dala, director de la siniestra DGSIM, recibe órdenes directas del narcodictador Nicolás Maduro

Ilustración 8.- General Iván Hernández Dala director del DGSIM

Fuentes militares conocedoras del caso, no identificadas por razones obvias, consultadas al respecto por el diario español ABC señalaron al entonces mayor Alexander Gramko Arteaga, director de Asuntos Especiales de la DGSIM, como el ejecutor de las operaciones de tortura y procedimientos especiales.

Según esa fuente, bajo su mando se realizan las "desapariciones forzadas y ejecuciones contra los militares enemigos del régimen", y sobre él recayó la orden de torturar que acabó con la vida de Rafael Acosta Arévalo.

Ese departamento no hace nada sin que Nicolás Maduro lo autorice y fue creada para hacer trabajos única y específicamente para éste.

Ilustración 9.- Mayor Alexander Gramko Arteaga DGSIM

Sobre ese torturador, el 20 de enero de 2018 @NoticiasSB1 escribió

Sabias que Oscar Pérez estaba sentado con las manos en alto cuando Alexander Gramcko Ortega le disparó en la frente con una Glock, por eso sus manos están en alto y hacia atrás, los demás fueron ejecutados en el suelo, Gramcko Arteaga después sale y usa el RPG contra la casa

10 Asdrúbal Brito Hernández escolta de Nicolás Maduro

También esa fuente confidencial identificó a Asdrúbal Brito Hernández, jefe de Contra Inteligencia de la Guardia de Honor de la presidencia de la República, como participante en las torturas que provocaron la muerte del oficial de la Marina de Guerra.

El reportaje de *ABC* señaló igualmente que Gramko Arteaga tiene a su cargo centros clandestinos de detención llamados "casas seguras" para torturar y hacer desaparecer a los opositores del régimen.

La narcodictadura de Nicolás Maduro premia a sus torturadores con ascensos. El 3 de julio de 2020 Gramko Arteaga fue ascendido al grado de coronel. Este criminal es responsable del asesinato a mansalva, ante la mirada estupefacta de la teleaudiencia mundial y redes sociales, en enero de 2018, del inspector del Cuerpo de Investigaciones Científicas, Penales y Criminalísticas, Óscar Pérez. Desde esa fecha trágica para Venezuela y el mundo sus ascensos han sido meteóricos

"Acosta Arévalo murió por no saber más", dijeron los informantes a *ABC*. Y contaron que desde el inicio todo fue cruel... El mayor general Iván Hernández Dala, director del DGSIM y jefe de la guardia de honor presidencial, es el principal responsable de llevar a cabo las torturas contra disidentes. Dirige el órgano represor más brutal de Venezuela y cumple con las órdenes directas de Maduro.

Otro torturador de ese siniestro órgano militar es el coronel Hannover Guerrero, responsable de la sede de la DGSIM en Boleíta, quien además de torturar se encarga de falsificar los expedientes contra los detenidos en sus instalaciones.

Asimismo, violan los derechos humanos de los detenidos bajo su custodia Luseph Barrios Olivares, encargado de la casa de tortura ubicada en La Mariposa y Rafael Franco Quintero, jefe de inteligencia militar, acusado la abogada y activista en tales derechos Tamara Sujú de ser cómplice "de los peores crímenes de lesa humanidad, entre ellos la tortura y violencia sexual a detenidos".

ABC reveló igualmente que los oficiales de la DGSIM se encargan de arrestar a cualquier sospechoso de disidencia.

Por su parte la activista en derechos humanos, Tamara Sujú, recordó que la tortura tiene cadena de mando, como lo señaló el informe de la ONU dado a conocer en La Haya en septiembre de 2020. Sin embargo, en el expediente instruido contra los dos chivos expiatorios de la Guardia NAZIonal, constante de más de cuatrocientos folios, en ninguna parte se menciona la palabra tortura, tal como lo demostró en la misma fecha el documento publicado por Amnistía Internacional.

11 Coronel Hannover Guerrero Mijares DGSIM

Ilustración 12 Coronel Rafel Franco Quintero DGSIM

Persecución, tortura y muerte

Con un título idéntico al que antecede, el 4 de julio de 2019 Óscar Arnal publicó en Noticiero Digital un esclarecedor artículo sobre el asesinato, por efectivos de la siniestra Dirección General de Contrainteligencia Militar, del Capitán de navío Rafael Acosta Arévalo.

-Sentado en una silla de ruedas –dijo al inicio- debido a que no podía sostenerse en pie por los intensos dolores, con el cuerpo repleto de escoriaciones, las uñas con restos de sangre y los ojos morados". Esa es la última imagen que se tiene en vida del Capitán de Corbeta Rafael Acosta Arévalo al ser presentado el viernes ante el tribunal militar tercero de control tras ser secuestrado el 21 de junio por las fuerzas de seguridad, tal y como lo afirmó a "The Associated Press" el activista Alonso Medina Roa, miembro del equipo de defensa del militar asesinado.

En el siguiente fragmento indicó:

-Reseñó Nelson Bocaranda: "informaciones indicarían que el cuerpo presentaba heridas múltiples cortantes en las extremidades inferiores y región glútea, hematomas en cuellos, abdomen y tórax, signos de quemadura, signos de restos de adhesivos en las extremidades y heridas en la boca."

Luego expresó:

-Waleska Pérez de Acosta, esposa del Capitán dijo que jamás pensó que podrían asesinar a una persona por no estar de acuerdo con Maduro. "Sí he visto las torturas, pero jamás imaginé que iban a llegar a esto. Asesinar a una persona por estar en contra del régimen… tanto lo torturaron que lo mataron, sus hijos huérfanos lo recordarán como un héroe siempre apegado a la Constitución", confesó. Son más de 200 los casos de torturas documentados y muchos más si se cuenta a los jóvenes vejados por protestar. Esta misma semana en el Táchira le sacaron los ojos a punta de perdigonazos a un muchacho de tan solo 16 años que manifestaba por gas doméstico.

Más datos sobre la víctima

Cuando todavía la narcodictadura de Nicolás Maduro no había bloqueado el portal *El Pitazo* ese medio digital reportó el 7 de julio de 2019, con la firma de Lisbeth Barboza Ruiz:

-El Capitán de Corbeta nació en Coro. Sus vecinos lo recuerdan por su porte atlético. 10 días después de su asesinato, su cuerpo sigue en la morgue. El jefe del CEOFANB lo acusa de conspirar desde hace más de 10 años.

Se trata de Remigio Ceballos, responsable de la Operación Gedeón, en el marco de la cual se produjo la Masacre de El Junquito que acabo con la vida del inspector del CICPC, Óscar Pérez, y su grupo, a pesar de haberse rendido a la luz de todo el mundo, que presenció

ese ominoso crimen por intermedio de la Web

El reporte fue hecho desde su ciudad natal y en el cuerpo de la noticia *El Pitazo* explicó:

—Hace 10 días ocurrió el asesinato por tortura del Capitán de Corbeta Rafael Acosta Arévalo. De acuerdo con información dada por el Ministerio Público, los responsables son dos efectivos militares adscritos a la Dirección de Contrainteligencia Militar, quienes, según la autopsia, destrozaron a golpe el cuerpo del oficial, un hombre que nació en Coro, capital del estado Falcón, de donde salió a los 17 años con el sueño de convertirse en un miembro de la Armada. Hoy, en esa ciudad, no se encuentran rastros de su familia.

Barboza Ruiz añadió:

—Rafael Ramón Acosta Arévalo vio luz en el Hospital Alfredo Van Grieken, el 16 de junio de 1969. Actualmente, tenía fijada su residencia en la población de Cagua, estado Aragua. Su esposa e hijos, uno de 12 años y otro de cuatro años, se encontraban fuera del país para el momento de su muerte. "Mi esposo murió como un héroe", insiste en cada entrevista Waleska Pérez de Acosta.

El oficial era el hermano mayor de los cuatro hijos de Rafael Adrián Acosta López. El padre era oriundo de la población de Capadare, municipio San Francisco, al oriente del estado Falcón; topógrafo de profesión y dueño de un Jeep que los llevaba a todas partes –según comentaron quienes le conocieron-. Mientras que su madre –de quien se desconoce el nombre-, era de una larga descendencia de los Arévalo en Coro, pero no se sabe dónde vive actualmente.

En el siguiente párrafo, tras apuntar que era preparado para las exigencias físicas, indicó:

-Sus antiguos vecinos, en la mariana ciudad, expresan que Rafael Acosta Arévalo fue jugador de fútbol y béisbol. Compartió cancha con quien fuera uno de los jugadores del balompié profesional falconiano, Filipo Tena. Formó parte del 11 del Unión Atlético Falcón, en el estadio Teto Colina, del sector San Bosco de Coro, lo que lo preparó para resistir las exigencias físicas de la vida militar.

Personas que lo conocieron, quienes pidieron la reserva de su identidad, comentan que el Capitán de Corbeta cursó sus estudios secundarios en el liceo Esteban Smith Monzón. Al graduarse de bachiller decidió irse a estudiar a la Escuela Naval de Venezuela, de donde egresó en la Promoción 1991 "CN Sebastián Boguier" y donde ocupó el puesto 49 de una lista de 90 graduados, con el título de licenciado en Ciencias

Militares y Subteniente. Entonces fue compañero de promoción del actual comandante de la 4ta Brigada de Infantería Anfibia" Almirante Alejandro Petión", con sede en Punto Fijo, William Bernardo Wessolossky Padilla.

La periodista precisó después:

-Quienes lo recuerdan lo describen como un joven de porte atlético, siempre con su uniforme de punta en blanco, cordial, bien portado, siempre perfumado y "chapado a la antigua", lo que atraía a las muchachas de los bloques vecinos al 26 de la urbanización La Velita, donde vivió hasta sus 21 años. Era finales de los 80 y principios de los 90, y en la capital de Falcón las jóvenes soñaban con casarse o con un militar o una grande liga, era la época de brillo y fama en la gran carpa de su paisano Magglio Ordóñez.

Como miembro de la Armada y debido a su capacidad atlética, lo admitieron en la Unidad de Operaciones Especiales (UOPE), creada en 1985 y al que solo ingresan quienes logren superar un entrenamiento de manejo de armas, explosivos, buceo, paracaidismo, comunicaciones y primeros auxilios, entre otras actividades, y demuestran fortaleza psicológica. Solo 5 % de quienes toman el curso son admitidos en la versión SEAL de la Fuerza Armada Venezolana.

Cadáver del Capitán Acosta muestra 16 costillas rotas y quemaduras por posible electrocución

En marzo de 2018, once comandos de ese organismo fueron capturados en la sede de la unidad en Turiamo, estado Aragua, acusados de "traición a la patria, instigación al motín y delitos contra el decoro militar". Ellos continúan presos en la sede la DGSIM de Boleíta, donde precisamente trasladaron a Acosta Arévalo para torturarlo, agregó la periodista de *El Pitazo*.

Luego escribió:

-El Capitán de Corbeta pidió su baja en 2005, tres años después del intento de golpe de Estado de 2002, que desalojó a Hugo Chávez del poder por menos de 24 horas. Desde entonces, -según las fuentes consultadas- prestó servicios profesionales a una empresa de telecomunicaciones hasta 2013, cuando la entonces ministra del Deportes, la esgrimista olímpica Alejandra Benítez, lo designó director del Hipódromo de Valencia, cargo por el cual pasó sin escándalos o señalamientos.

Disiento de la versión oficial, aceptada por la periodista, de que el 11 de abril de 2002 hubo un intento de golpe de Estado contra el tirano Hugo Chávez, pues su propio jefe del Estado Mayor Conjunto, general Lucas Rincón Romero, anunció la noche de ese terrible día en cadena de radio y televisión "Que se le pidió la renuncia, la cual aceptó". Esta cobra fuerza de veracidad, pues se la suministró a Agustín Blanco Muñoz en el marco de la entrevista para el libro El 11A-02 Yo lo vi llorar, quinta edición, Italgráfica, S.A., Caracas, 2010, el Capitán Otto Gebauer Morales, custodia de éste mientras estuvo detenido en Fuerte Tiuna y en La Orchila

En el párrafo siguiente la periodista acotó:

-De acuerdo con la información de Instituto Venezolano de los Seguros Sociales (IVSS), hasta 2014 laboró en Inversiones Rodven SA. Un exgerente de recursos humanos de esa firma aseguró a *El Pitazo* que la compañía cerró en 2009, por lo que les parece muy extraño que Acosta Arévalo aparezca como personal de la empresa.

-*El Pitazo* no pudo identificar a qué actividad profesional se dedicaba hasta el 21 de junio, cuando fue detenido en Guarenas, luego de que llamara a su esposa, Waleska Pérez, para decirle que iba a una reunión con unos amigos, donde arreglarían unos papeles. Esa fue la última conversación con su pareja, quien se quedó esperando la llamada del Capitán de

Corbeta, contó Pérez a la periodista Idania Chirinos en una entrevista con Ntn24.

"Mi esposo siempre fue un hombre muy constitucional, como los militares de antes y por eso no estaba de acuerdo con la situación actual", expone la esposa de Acosta Arévalo en la entrevista, en la cual asegura que su esposo cuestionaba la gestión de gobierno de Nicolás Maduro.

La periodista escribió a continuación:

-La autopsia reveló: "16 arcos costales fracturados, ocho de cada lado, las tres primeras y la última en buen estado, de ambos lados. Fractura de tabique nasal, excoriaciones en hombros, codos y rodillas, hematomas en el muslo en la cara interna y ambas extremidades. Lesiones (similares a latigazos) en espalda y muslos parte posterior, un pie fracturado, múltiples excoriaciones y signos de pequeñas quemaduras en ambos pies (se presume electrocución)", informó el director de Actuación Procesal de la Fiscalía, quien se encuentra en el exilio, Zair Mundaray.

Y concluyó advirtiendo:

-Al cierre de esta nota, nueve días después de su muerte, el cuerpo de Acosta Arévalo sigue en la morgue de Bello Monte, por lo que la familia que le queda en Venezuela no le ha podido dar sepultura.

Tres días después de la anterior nota, su viuda, Waleswka Pérez de Acosta, escribió en su cuenta en Twitter waleswka perez@waleswka77:

DENUNCIO la entrega controlada del cuerpo de mi esposo el C.C RAFAEL ACOSTA. #nomastorturavzla #ayuda #venezuela #acostaarevalo @TAMARA_SUJU @GiselaMatamoros @fdelrinconCNNE @medinaroaalonso #DDHH #JUSTICIA.

Una nota publicada en *Punto de Corte* aseveró que ella no ha hecho ningún contacto con algún servicio funerario. Por lo que indicó que todo el proceso "ilegal" está siendo efectuado sin la consulta de sus familiares o abogado. El mismo régimen contrató el servicio funerario de la Monumental, del Cementerio del Este.

Punto de Corte reportó también:

-Familiares temen que el cuerpo Arévalo pueda ser sometido a una inhumación sin autorización.

Las instalaciones de la Medicatura Forense se encuentran fuertemente custodiadas por funcionarios de la PNB.

Las sanciones de Estados Unidos a la DGSIM

Ilustración 13.- Ciudadanos de la Sociedad Civil manifestando para exigir Justicia por los Asesinatos a Militares y Civiles que se oponen a la Dictadura de Nicolás Maduro en Venezuela

Su asesinato dio motivo al Departamento del Tesoro de Estados Unidos pare emitir sanciones contra ese cuerpo represivo de la narcodictadura.

El 11 de julio de 2019 Oleg Kostko, de *Noticiero Digital*, reportó:

-El Departamento del Tesoro de EE. UU. sancionó a la DGSIM este jueves a raíz de la muerte por presuntas torturas a las que habría sido sometido el Capitán de Corbeta Rafael Acosta Arévalo mientras estuvo detenido por el referido cuerpo de contrainteligencia.

Luego citó al jefe de esa oficina, Steven T. Mnuchin, quien en una Nota de Prensa expresó: "El arresto por razones políticas y la muerte trágica del Capitán Rafael Acosta fue injustificada e inaceptable", explicando que "el Departamento del Tesoro está comprometido a poner fin a los tratos inhumanos del antiguo régimen de Maduro contra sus opositores políticos, civiles inocentes y los miembros de las fuerzas armadas para aplastar la disidencia".

En efecto, "Como resultado de dicha medida los bienes e intereses en la propiedad de esta entidad, y de cualquier entidad que sea propiedad, directa o indirectamente, del 50 por ciento o más de esta entidad en suelo estadounidense o en posesión o control de Las personas estadounidenses están bloqueadas y deben ser reportadas a la OFAC",

Además, las regulaciones de la OFAC "prohíben sostener tratos por personas de los Estados Unidos o dentro o en tránsito de los Estados Unidos que involucren cualquier propiedad o interés en la propiedad de personas bloqueadas o designadas o de quienes funjan como representantes o directivos de alguna institución o empresa sancionada".

El boletín reiteró igualmente que las sanciones pueden ser removidas, ya que "Los Estados Unidos han dejado en claro que consideraremos levantar las sanciones (…) si toman acciones concretas y significativas para restablecer el orden democrático, se nieguen a participar en abusos contra los derechos humanos y denuncien abusos Comprometidos por el gobierno, y combate la corrupción en Venezuela".

España exigió sancionar a sus asesinos

El 15 de julio de 2019 el portal *Analítica* reportó:

-El ministro español de Exteriores en funciones, Josep Borrell, instó este lunes a la Unión Europea (UE) a imponer sanciones selectivas contra los responsables de la muerte del Capitán de Corbeta venezolano Rafael Acosta Arévalo cuando estaba detenido y bajo custodia del Gobierno de Nicolás Maduro.

El ministro añadió en una rueda de prensa:

-Han ocurrido muertes trágicas de personas detenidas bajo el control de la Policía política venezolana, el embajador de Venezuela en España ha sido llamado para que diera explicaciones, y hemos planteado la necesidad de establecer sanciones contra las personas responsables de dichos actos.

Esta noticia también fue reseñada por el periódico *Notitarde*, de Valencia, Estado Carabobo.

Una mínima condena

El 24 de septiembre de 2019 *El Nacional* publicó la opinión emitida por el abogado Alonso Medina Roa, defensor de los derechos humanos en torno a la condena de los funcionarios señalados por el régimen como autores de su muerte a 6 años y 8 meses de prisión, omitiéndose la aplicación de la Ley Contra la Tortura y Tratos Crueles, que era la que correspondía en virtud de las causales reflejadas en la autopsia.

En síntesis, la nota periodística expresó:

A) Que La muerte del Capitán de Corbeta, el pasado 21 de junio cuando se encontraba bajo custodia, desató denuncias de partidos políticos y organizaciones no gubernamentales, así como de la comunidad internacional, contra el régimen de Nicolás Maduro.

B) Que la Asamblea Nacional solicitó a la delegación que Michelle Bachelet dejó instalada en Caracas constatar las condiciones de detención y el estado de salud de los presos políticos del país.

C) Que el 21 de junio de 2019 Acosta Arévalo fue detenido por individuos armados, sin identificación, y sin que sus familiares o su abogado tuvieran conocimiento de su paradero.

D) Que el 28 de junio, siete días luego de su desaparición, el Capitán fue presentado por miembros de la Dirección General de Contrainteligencia Militar, DGSIM.

Para el momento, Roa explicó que Arévalo estaba "en lamentable estado: no podía caminar, apenas podía hablar pidiendo ayuda y con evidentes signos de tortura".

E) Que, sin embargo, esto tampoco es señalado en las comunicaciones oficiales; una de ellas apenas indicó que el Capitán sufrió un desmayo.

F) Que El 1 de julio oficiales de la Aviación difundieron en redes sociales un comunicado en el que condenaron las torturas a las que fue sometido el Capitán de Corbeta, donde además instaron a "desconocer el usurpador y deponerlo".

El portal *A Todo Momento* adicionó:

-En una reciente actualización del informe sobre Venezuela recabado por la Oficina de la Alta Comisionada de las Naciones Unidas para los Derechos Humanos, Michelle Bachelet, se refirió al caso de Acosta Arévalo, y admitió que falleció producto de la tortura a la que fue sometido por efectivos policiales leales al régimen chavista.

TalCual, por su parte, dio cabida a la opinión del Programa Venezolano de Educación – Acción en Derechos Humanos (PROVEA) según la condena contra los implicados en el asesinato del Capitán de Corbeta Rafael Acosta Arévalo, ocurrida dentro de la sede de la Dirección de Contrainteligencia Militar (DGSIM), "es insuficiente y alienta la tortura" en el país.

En un comunicado, la Organización No Gubernamental destacó que la sentencia no establece responsabilidades directas relacionadas a la tortura y tratos crueles que sufrió Acosta Arévalo luego de su detención el 21 de junio por parte de funcionarios de la DGSIM, tras ser acusado de estar implicado en un supuesto golpe de Estado.

-Con esta decisión, afirmó- el gobierno de facto intenta escapar de la responsabilidad absoluta en otro asesinado por tortura (…) Es una sentencia que estimula el uso de la tortura por parte de organismos policiales y militares. Reafirma además que en Venezuela se creó una estructura institucional para favorecer el abuso de poder, las violaciones a los derechos humanos y la impunidad",

El martes 24 de septiembre el tribunal 36 de Control del Área Metropolitana de Caracas condenó a los funcionarios Ascanio Antonio Tarascio y Estiben Zárate, ambos de la DGSIM, a seis años y ocho meses por estar implicados en el asesinato del Capitán de Corbeta Rafael Acosta Arévalo.

Se les acusó por "homicidio preterintencional" con causal, un delito común donde se exime la responsabilidad de hacer daño, y cumplirán la condena en un calabozo de la DGSIM.

A luz de tal sentencia, pareciera que ésta fue dictada desde instancias gubernamentales, porque en el informe médico que se difundió en varios medios de comunicación, las torturas que recibió el Capitán Acosta Arévalo le produjeron excoriaciones en los brazos, poca sensibilidad en manos, problemas auditivos, inflación extrema en los pies, rastros de sangre en las uñas y lesiones en el torso.

Además, cuando iba a ser presentado en tribunales, el militar no podía hablar, levantarse o mover sus extremidades, por lo que el juez lo envió al hospital militar, donde falleció y por lo tanto debieron ser acusados por tortura y aplicársele la sentencia basada en la ley especial sobre la materia.

PROVEA igualmente afirmó que en ese caso se violaron las garantías constitucionales y el debido proceso, "donde jamás se comprobó su supuesta implicación en el golpe y tampoco se imputó formalmente por el Estado, muriendo torturado y siendo inocente e igualmente violó su derecho a la vida".

A su juicio queda demostrada "la poca voluntad política de quienes hoy tienen el poder de facto para investigar y sancionar las graves violaciones a los derechos humanos. Destaca también la complicidad del Defensor impuesto por la fraudulenta Asamblea Nacional Constituyente Alfredo Ruíz, ex defensor de derechos humanos que por cierto fue uno de los promotores" de la Ley contra la Tortura.

Indicó también que solo una comisión internacional conformada por expertos independientes podrá garantizar una investigación seria sobre el caso y determinar los responsables, al igual que la cadena de mando involucrada

"No podemos aceptar impunidad en este caso, y que mediante una aparente acción de "justicia" solo se está garantizando impunidad y generando un grave precedente que alienta la aplicación de la tortura".

Las sanciones de la Unión Europea

El 27 de septiembre *El Nacional* había dado los nombres de siete funcionarios sancionado por ese asesinato, Rafael Ramón Blanco, Rafael Antonio Franco, Alexander Enrique Gramko y Hannover Esteban Guerrero, todos adscritos a la ominosa Dirección General de Contrainteligencia Militar

El Consejo de la Unión Europea, autor de dichas sanciones, indicó en un comunicado que las mismas fueron aplicadas por las torturas y otras violaciones de los derechos humanos, entre ellas la muerte de Acosta Arévalo.

También fueron objetos de sanciones Néstor Blanco, de la Guardia Nacional, Alexis Enrique Escalona, del Comando Nacional Antiextorsión y Secuestro; y Carlos Calderón, del Servicio Bolivariano de Inteligencia Nacional, SEBIN.

-Esta grave situación no puede ser ignorada, -expresó Federica Mogherini, alta representante comunitaria para la Política Exterior-.

Igualmente estacó que pueden revertirse si hay progresos hacia la restauración de la democracia en Venezuela.

En la lista no aparecen los chivos expiatorios sentenciados por el tribunal, con pena mínima, Ascanio Antonio Tarascio y Estiben Zárate.

Cabe destacar que la narcodictadura ascendió al grado inmediato superior a dos de los torturadores sancionados por la Unión Europea, Alexander Enrique Gramko y Hannover Esteban Guerrero.

Inexplicablemente el director de la siniestra DGSIM, Hernández Dala, quedó exento de la sanción de la Unión Europea.

El régimen debe responder

El 29 de junio de 2020, el portal *La Patilla* publicó una declaración del secretario general de la OEA, Luis Almagro, en la que éste manifestó su apoyo y solidaridad con la esposa del Capitán Rafael Acosta Arévalo a un año de su asesinato.

-El régimen de Nicolás Maduro –indicó- debe responder por sus crímenes de lesa humanidad.

En la misma fecha mortuoria, pero en *TalCual*, su vida Waleswka Pérez de Acosta, reveló:

-La burla, la impunidad, me han llevado a la desesperación.,

Y agregó:

-Yo sé que nada me lo va a devolver, pero es muy importante para mí que se haga justicia.

Así mismo afirmó que enfrenta secuelas traumáticas por los detalles que ha ido conociendo y la falta de justicia ante la muerte de su Pareja, quien perdiera la vida mientras se encontraba bajo custodia de la Dirección General de Contrainteligencia Militar (DGSIM).

-A veces pienso –explicó-. que a nadie le importa lo que estamos padeciendo los venezolanos-

> *"He envejecido mucho (…) He perdido peso y sé que no tengo brillo en los ojos. No puedo sonreír, no me sale. Casi no duermo. Me levanto de la cama a medianoche y camino sin hacer ruido, para no despertar a mis hijos ni causarles más traumas"*, dijo

El texto que antecede y el que sigue fue publicado en el Portal *La Gran Aldea* por la periodista Milagros Socorro, quien adicionó:

-La también maestra comentó que no deja de pensar en las penurias que vivió su esposo durante la ola de torturas aplicadas por los funcionarios de la DGSIM. "Vienen a mi mente las escenas más pavorosas (…) Alguien tiene las fotos de mi esposo siendo martirizado. Trato de no pensar en eso, pero no puedo".

"Lo llevaron a una casa de torturas que tiene la dictadura en Miranda, lo desnudaron y lo colgaron de un árbol; le disparaban cerca de los oídos para reventarle los tímpanos; le pusieron una carpeta con tirro alrededor de los ojos; lo golpearon con tablas en todo el cuerpo; lo metían en un cuarto helado y le echaban agua helada; le daban latigazos; le ponían bolsas en la cabeza; le metían la cabeza en tobos; le hicieron cortaduras en las plantas de los pies; le metieron electricidad en los testículos,… Participaban muchos, me dijeron, porque el método de ellos es no dejar descansar a la víctima. Cuando quedaba inconsciente, lo reanimaban.

En esa entrevista la viuda de la víctima reveló que ésta pidió la baja de las Fuerzas Armadas en 2006 "porque no estaba de acuerdo con lo que estaba sucediendo" y relató que vivían en Colombia. Regresaron a Venezuela a renovar los pasaportes y hacer otras diligencias, cuando fue detenido sin orden judicial en Guatire, Estado Miranda.

La entrevistada precisó:

-Él no tenía miedo. Decía que todos nacemos para morir. De hecho, mientras estuvo activo, le explotó una granada en la pierna y tuvo un accidente de buceo en la Base Naval de Turiamo, de donde lo sacaron inconsciente en helicóptero. Estaba acostumbrado al peligro. Y, de seguro, jamás pensó que un compañero podría traicionarlo.

En otro párrafo de la entrevista se lee:

En este sentido, la viuda de Arévalo aseguró que "un amigo cercano" lo vendió para congraciarse con el régimen y "obtener quién sabe qué".

Al preguntarle si ella estaba al tanto de las actividades conspirativas en las que Acosta Arévalo podría haber estado involucrado, ella asegura que jamás oyó nada que le hiciera pensar en eso. "De todas formas, después de su asesinato, yo me aislé porque no quería perjudicar a nadie".

La esposa de Acosta Arévalo manifestó su preocupación por las secuelas que la muerte del Capitán dejó en su familia. "Mi hijo está muy afectado. Perdió interés en los deportes, bajó las calificaciones escolares. Ya tiene 13 años. Me resulta imposible impedir que vea en Internet los detalles del secuestro y muerte de su padre. Hace poco me dijo que había soñado con su papá. Que lo tenían amarrado en una silla y lo estaban electrocutando; que, aunque tenía la boca tapada, se oían sus gritos".

Waleswka Pérez llora su congoja y la de la familia. "Mis suegros se deprimieron muchísimo. A mis padres los han estado intimidando. Mi hijo pequeño pregunta mucho por su papá. Pregunta que, si su papá no le ha enviado un mensaje de voz, 'porque él se llevó su teléfono'. Rezo para que nunca se le olvide la cara de su papá, la voz".

No hay justicia en Venezuela

De la periodista Naky Soto es el texto que sigue, publicado en *TalCual* el 1 de julio de 2019:

-La muerte del Capitán Rafael Acosta Arévalo –escribió al inicio- bajo la custodia del Estado luego de ser acusado de conspirar contra Nicolás provocó una condena global. El Capitán murió el sábado sin que llegasen a celebrar la audiencia de presentación en el tribunal militar por su deteriorado estado de salud producto de torturas: "Lo torturaron hasta la muerte", dijo hoy su viuda, Waleswka Pérez, a la WRadio de Colombia, exigiendo que le entreguen su cuerpo. "No hay justicia en Venezuela… estamos en una dictadura", añadió Pérez, quien solicitó respaldo y apoyo internacional para que le sea realizado un examen forense independiente que determine la verdadera causa de su muerte.

Homicidio preterintencional con causal

La periodista añadió:

-El Ministerio Público solicitó prisión preventiva para dos funcionarios de la Guardia Nacional, informó el fiscal general impuesto por la asamblea nacional constituyente, Tarek William Saab, a través de su cuenta Twitter. El teniente Ascanio Tarascio Mejía, de 23 años, y el sargento 2do Estiben Zárate Soto, de 22 años, son los presuntos responsables de la muerte del Capitán Acosta Arévalo, ambos adscritos a la Dirección General de Contrainteligencia Militar (DGSIM). Se les imputó el delito de homicidio preterintencional con causal, acordado por el Tribunal 36° de Primera Instancia en Funciones de Control del área metropolitana de Caracas. Advierte Saab que "en las siguientes fases del proceso penal seguirá acumulando pruebas para obtener todos los elementos de convicción".

Un cargo inadmisible

En el siguiente segmento explicó:

-La muerte de opositores no es inusual en Venezuela, pero el "volumen" que alcanzó la consternación por este caso hizo que el régimen anunciara la investigación de las causas. En otros casos solo han negado las muertes o acusado "suicidios", sumando un abominable historial de denuncias ignoradas con impunidad. Esta vez, el Ministerio Público está tratando de atenuar el crimen y reducir (significativamente) la pena de los culpables, porque en el homicidio preterintencional el victimario solo tiene la intención de lesionar, pero el resultado es la muerte: por ejemplo; una persona le da un golpe a otra, pero esta se cae y pega la cabeza contra el filo de una acera y muere. Si le añaden la perla del "con causal", supone que la acción ejecutada por el culpable no fue suficiente para producir el resultado (la muerte); sino que es producto de circunstancias preexistentes desconocidas o de causas imprevistas. Y así, sacan a la tortura de la ecuación y con ello, evitan la aplicación de la Ley para prevenir y sancionar la Tortura.

Otras precisiones

Naky Soto comentó luego:

-Torturar al Capitán Acosta Arévalo hasta comprometer sus condiciones físicas y a pesar de ello, llevarlo a un tribunal para su audiencia de presentación, prueba que su muerte no ocurrió por circunstancias preexistentes o por causas imprevistas. Murió por tortura, bajo la custodia del Estado. El Ministerio Público obvió esta condición del caso, como también obvió las denuncias previas de tortura por parte de funcionarios de la DGSIM; prescindió de cómo esas denuncias configuran un patrón y minimizó la responsabilidad del Estado por la vida del Capitán. Para PROVEA: "se busca aplicar la menor pena posible a presuntos autores materiales del asesinato (…) evade imputar a autores intelectuales (…) se está favoreciendo la práctica de la tortura en Venezuela". La directora de Control Ciudadano, Rocío San Miguel, apunta: "En la DGSIM, el mundo debe saberlo, no se hace absolutamente nada sin la obediencia y subordinación a los superiores políticos y militares".

La conmoción de la Alta Comisionada

La periodista precisó seguidamente:

-La principal funcionaria de derechos humanos de las Naciones Unidas, Michelle Bachelet, se declaró consternada por la muerte del Capitán: "Estoy conmocionada por la presunta tortura del Capitán Acosta Arévalo, y porque el trato al que fue sometido mientras estaba en custodia puede haber sido la causa de su muerte", dijo en un comunicado. Bachelet exige una investigación "rápida, exhaustiva, eficaz, independiente, imparcial y transparente" sobre esta muerte, precisando que también puede constituir una desaparición forzada (prohibida por el derecho internacional) y exigiendo que se incluyan cargos por torturas. El viernes de esta semana Bachelet publicará un informe sobre los derechos humanos en Venezuela.

Otros pronunciamientos

Luego señaló:

-La Unión Europea y las naciones más grandes de América Latina condenaron la muerte del Capitán Acosta Arévalo y pidieron una investigación. Incluso México emitió una declaración poco común, expresando su preocupación por las violaciones de derechos y la falta de garantías procesales en Venezuela. Los expresidentes reunidos en la Iniciativa Democrática de España y las Américas (IDEA) urgieron a Gobiernos y cortes internacionales a actuar contra la tortura y la muerte en Venezuela. También el Ejecutivo alemán y el francés condenaron la muerte y urgieron a esclarecer cuanto antes este caso con una investigación independiente.

Según el diario The Wall Street Journal, para el gobierno de Trump la muerte de Acosta Arévalo es una apuesta de Nicolás para mantener a los militares en la raya por miedo. Elliott Abrams, el enviado especial de EE. UU. para Venezuela, declaró: "Este es un incidente particularmente brutal, sugiere preocupaciones reales dentro del régimen sobre la lealtad de los militares", añadiendo que "es muy difícil para (la oposición) sentarse frente a un régimen que está torturando y matando a los militares venezolanos de esta manera". Por su parte, el embajador John Bolton pidió a la comunidad internacional unirse "para hacer rendir cuentas al régimen ilegítimo de Maduro (…) por su uso continuo de la violencia, la represión y la tortura", afirmando que estas acciones demuestran que no puede haber un diálogo de buena fe con Maduro, "quien lo utilizará como una táctica para mantener el control. No hay una solución viable para Venezuela mientras Maduro permanezca en el poder", afirmó Bolton.

La lentitud de la justicia

El 29 de diciembre de 2019 *TalCual* reportó que a seis meses de su asesinato por efectivos de la Dirección General de Contra Inteligencia Militar la justicia "sigue ausente".

Los abogados del militar y la opinión pública en general aseguran que la condena a dos funcionarios de la DGSIM implicados en el caso solo busca tapar la violación a lo establecido en la Ley Contra la Tortura

-Este domingo 29 de diciembre –recordó TC- se cumplieron seis meses del asesinato del Capitán de Corbeta Rafael Acosta Arévalo, quien fuese torturado por régimen de Nicolás Maduro, mientras se encontraba detenido por organismos de seguridad del Estado.

Y agregó:

-Acosta Arévalo fue apresado el pasado 22 de junio por efectivos de la Dirección General de Contrainteligencia Militar (DGSIM) y del Servicio Bolivariano de Inteligencia Nacional (SEBIN) por presuntamente encontrarse involucrado en un atentado contra gobernante venezolano que habría de llevarse a cabo dos días después.

Días más tarde, Arévalo fue presentado en el tribunal militar tercero de control donde, de acuerdo con sus abogados llegó en silla de ruedas ya que no podía sostenerse en pie debido a los intensos dolores, con el cuerpo repleto de escoriaciones, las uñas con restos de sangre y los ojos morados.

Sin embargo, Debido a la delicada condición, la jueza del caso ordenó trasladarlo a un pequeño hospital del Fuerte Tiuna, donde falleció horas después. Esa es la última imagen que se tiene en vida del Capitán de Corbeta Rafael Acosta Arévalo.

Pero "A varios meses de su muerte, el gobierno de Nicolás Maduro todavía no ha informado sobre las causas que motivaron el deceso".

TalCual igualmente escribió:

-El pasado 24 de septiembre, el abogado y defensor de los derechos humanos Alonso Medina

Roa anunció que dos funcionarios de la Dirección Nacional de Contrainteligencia Militar (DGSIM) vinculados con la muerte del Capitán de Acosta Arévalo fueron condenados.

A través de sus redes sociales, el abogado explicó que en medio de una audiencia preliminar de la que no fue notificada la defensa de la víctima, el Tribunal 36 de Control del Área Metropolitana de Caracas decidió condenar a seis años y ocho meses de prisión al teniente Ascanio Antonio Tarascio y el sargento segundo Estiben José Zarate, ambos de la Guardia Nacional y adscritos a la DGSIM.

Roa, quien es el abogado del fallecido, reiteró que con esta decisión la administración de Nicolás Maduro dio al traste con lo establecido en la Ley Contra la Tortura.

La justicia del narcodictador obvió aplicar a dichos criminales la Ley Especial Contra la Tortura, que era lo correcto, para evitar que la cadena de mando fuera juzgada. Además, les impuso a los autores materiales la pena menor contemplada en el Código Penal

---

Sobre esa disminuida penalización de un crimen de lesa humanidad aplicada por órganos del Ministerio Judicial de la narcodictadura el Programa Venezolano de Educación – Acción en Derechos Humanos (PROVEA), emitió un comunicado en el cual destacó que la sentencia no establece responsabilidades directas relacionadas a la tortura y tratos crueles que sufrió Acosta Arévalo luego de su detención el 21 de junio por parte de funcionarios de la DGSIM, tras ser acusado de estar implicado en un supuesto golpe de Estado.

-Con esta decisión, expresó- el gobierno de facto intenta escapar de la responsabilidad absoluta en otro asesinado por tortura (…) Es una sentencia que estimula el uso de la tortura por parte de organismos policiales y militares. Reafirma además que en Venezuela se creó una estructura institucional para favorecer el abuso de poder, las violaciones a los derechos humanos y la impunidad.

La acusación de Estados Unidos

Un despacho de la agencia EFE emitido desde Washington el 1 de julio de 2019, reportó que el gobierno norteamericano acusó al régimen de Nicolás Maduro y a sus asesores cubanos de ser culpables de la muerte "del militar Rafael Acosta Arévalo, que estaba detenido y bajo custodia del Estado venezolano por su supuesta implicación en una conspiración para dar un golpe de Estado".

EFE añadió:

-La secretaria adjunta de Estado de EE. UU. para Latinoamérica, Kimberly Breier, expresó hoy en su cuenta de Twitter la posición de su Gobierno sobre el suceso.

"EE. UU. condena la muerte de Rafael Acosta Arévalo; falleció en custodia de matones de Maduro y sus asesores cubanos. Maduro continúa matando, robando y mintiendo para aferrarse al poder. Apoyamos al pueblo de Venezuela en su lucha por restaurar democracia", aseveró.

Según ese despacho, "Ya el domingo por la noche, la portavoz del Departamento de Estado, Morgan Ortagus, condenó en un comunicado la muerte de Acosta Arévalo y aprovechó para pedir a la comunidad internacional que actúe contra Maduro", ya que "A su juicio, "este último acto bárbaro de Maduro debe llevar a actuar" a la comunidad internacional.

La vocera del gobierno norteamericanos agregó:

-EE. UU. hace un llamado a las democracias del mundo para que se unan a nosotros en la condena de sus últimas violaciones de los derechos humanos y para que apliquen presión para lograr que los agresores rindan cuentas.

Este asesinato sin sentido es una evidencia continúa de que Maduro continuará matando a su gente, robando a la nación venezolana y mintiendo al mundo para quedarse en el palacio de Miraflores. Unámonos y apoyemos al pueblo de Venezuela en su búsqueda por el fin inmediato de estos actos atroces y la restauración de su democracia. La fuente precisó igualmente:

De acuerdo con informaciones de la prensa venezolana, Acosta Arévalo fue detenido el pasado 21 de junio por funcionarios de la Dirección General de Contrainteligencia Militar (DGSIM), sin que se indicaran entonces los motivos de su aprehensión.

Los cuerpos de exterminio de la narcodictadura,

> *contrariando preceptos constituciones en materia de derechos humanos, cuando detienen a una persona contraria el régimen, no les indican a sus familiares ni el motivo de la detención ni al lugar a donde lo llevarían. Son estos actos, de hecho, una desaparición forzosa*

Según su defensa y voceros de la oposición, Acosta Arévalo fue torturado hasta la muerte y la última vez que se le vio con vida, cuando era presentado ante un tribunal militar, no podía mantenerse en pie o hablar.

Los Protocolos de Minnesota y Estambul

El 3 de julio de 2019 la periodista Angélica Antia Azuaje analizó las claves de la aplicación de estos dos instrumentos jurídico al caso del asesinato del Capitán de Corbeta Rafael Acosta Arévalo mediante torturas aplicadas por funcionarios de la Dirección General de Contra Inteligencia Militar.

-La muerte del Capitán de Corbeta Rafael Acosta Arévalo, cuando se encontraba detenido y bajo custodia del Gobierno de Nicolás Maduro, -reveló- además de generar la condena nacional y fuera de nuestras fronteras, ha hecho que la Asamblea Nacional inste a la Alta Comisionada de la ONU para los Derechos Humanos, Michelle Bachelet, a aplicar, por lo menos, **los** Protocolos de Estambul y de Minnesota para investigar y denunciar casos de torturas como patrón sistemático en Venezuela.

En efecto, las ONG como COFAVIC y el Foro Penal (FP) han solicitado la utilización de estándares internacionales para documentar los presuntos crímenes (art 23 de la CRBV) con base en el Protocolo de Minnesota para la investigación de ejecuciones extrajudiciales y Protocolo de Estambul para casos de torturas.

La periodista añadió:

-De hecho, el director del FP, Gonzalo Himiob detalló que además del Protocolo de Estambul (referido a las pautas de investigación de las torturas) en casos de muertes potencialmente ilícitas, también resulta aplicable el Protocolo de Minnesota sobre la investigación de muertes potencialmente ilícitas.

Lo cierto es que en el caso del asesinato del Capitán de Corbeta, Rafael Acosta Arévalo, detenido por efectivos de la DGSIM y en el que tiene que ver con el concejal metropolitano Fernando Albán, detenido por efectivos del SEBIN en octubre del 2018, la sociedad civil exige que se aplique Protocolo de Estambul para una investigación independiente y rechazan que se pretenda cerrar el caso de Acosta Arévalo responsabilizando a dos funcionarios del DGSIM por "homicidio" y en el de Albán, que se quede como presunto "suicidio".

Vale resaltar que los afectados o familiares de las víctimas pueden apelar a ambos protocolos en los casos que se sigue la pista a los crímenes de lesa humanidad o en los que exista presunta ejecución por parte de efectivos policiales.

Aunque en el asesinato del Capitán de Corbeta Rafael

Acosta Arévalo se dieron todos los extremos de los protocolos de Minnesota y de Estambul, el Ministerio Judicial de la narcodictadura los obvió, igualmente la Ley Especial Contra la Tortura y Tratos Crueles surgida de la Asamblea Nacional presidida por el chavista Diosdado Cabello y aplicó el Código Penal para salvarles las espaldas a los funcionarios de la cadena de mando, que comienza con el ministro de la Defensa Vladimir Padrino López

A continuación, se refirió a las claves de ambos protocolos:

-El tratado de Minnesota y el tratado de Estambul, son protocolos modelos para la Investigación Legal de las Ejecuciones Extralegales, Arbitrarias o Sumarias adoptados por la Organización de Naciones Unidas (ONU).

Ambas guías implantan unos esquemas de prácticas técnicas que deben usar en las autopsias para establecer si una persona fallecida fue ejecutada.

Los dos tratados cobran importancia para el reciente suceso con el militar Rafael Acosta Arévalo, a quien detuvieron el 21 de junio del corriente año por presuntamente estar involucrado en un plan de golpe de Estado contra Nicolás Maduro. Estuvo recluido en la Dirección General de Contrainteligencia Militar (DGSIM) hasta el 28 de junio. Ese día fue trasladado a tribunales penales para su presentación.

¿De qué trata el Protocolo de Minnesota? - se preguntó.

-El Protocolo de Minnesota es un conjunto de normas para investigar una muerte potencialmente ilícita. El protocolo establece principios y directrices para los Estados, instituciones y personas que participen en la investigación. Se hizo para complementar los Principios de las Naciones Unidas relativos a una eficaz prevención e investigación de las ejecuciones extralegales, arbitrarias o sumarias.

Su objetivo es "proteger el derecho a la vida y promover la justicia, la rendición de cuentas y el derecho a una reparación mediante la promoción de una investigación eficaz de toda muerte potencialmente ilícita o sospecha de desaparición forzada".

¿Qué establece?

-Las obligaciones jurídicas de los Estados y directrices comunes relativas a la investigación de muertes potencialmente ilícitas.

La obligación de que toda persona que participe en la investigación debe tener las normas de ética profesional más estrictas.

Orientación y descripción de buenas prácticas aplicables a los participantes en un proceso de investigación. Incluida la policía, los médicos y juristas.

Directrices pormenorizadas sobre algunos aspectos de la investigación, aunque no trata todos los aspectos de ella ni es un instructivo para profesionales.

La periodista mencionó asimismo que el mismo tiene un glosario, anexos y esquemas anatómicos e impresos para utilizar en la práctica de autopsia.

En cuanto a la pertinencia de su aplicación explicó:

-En casos de una muerte potencialmente ilícita y de toda sospecha de desaparición forzada. Pero también prevé tres situaciones más:

Cuando la muerte pudo haber sido causada por actos u omisiones del Estado, de sus órganos o agentes. Esto incluye muertes causadas por grupos paramilitares, milicias o "escuadrones de la muerte" que actúen bajo dirección del Estado.

Cuando la muerte sucedió mientras la persona estaba detenida o bajo custodia del Estado, sus órganos o agentes.

Cuando la muerte podría ser resultado del incumplimiento del Estado de su obligación de proteger la vida.

Sobre el Protocolo de Estambul especificó:

Aquí, el Manual de Investigación y Documentación Efectiva sobre Tortura, Castigos y Tratamientos Crueles, Inhumanos o Degradantes, más conocido como el Protocolo de Estambul, es el primer conjunto de normas internacionales para documentar la tortura y sus consecuencias.

Fue adoptado por la Oficina del Alto Comisionado de las Naciones Unidas para los Derechos Humanos, en el 2000.1 Su propósito es servir como guía internacional para la evaluación de las personas que han sido torturadas, a fin de investigar casos de posible tortura y reportar los hallazgos a la justicia o a las agencias investigadoras.

El manual contiene estándares y procedimientos reconocidos internacionalmente de cómo reconocer y documentar síntomas de tortura. De esta forma, ayuda a que la documentación recopilada cumpla con los requisitos pertinentes para servir como evidencia válida ante los órganos de justicia.

El protocolo representa una guía útil para los doctores y abogados que desean investigar si una persona ha sido torturada o no, y reportar los hallazgos a la justicia o a las agencias investigadoras.

El Protocolo de Estambul es un documento no vinculante. Aun así, la ley internacional obliga a los gobiernos a investigar y documentar los incidentes de tortura y otras formas de maltrato, así como castigar a los responsables de manera completa, efectiva, tácita e imparcial.

Señora Fatou Bensouda ¡Es con usted!

En éste y muchos otros crímenes de lesa humanidad cometidos por la narcodictadura de Nicolás Maduro ha habido una criminal y negligente indiferencia por parte de la fiscal de la Corte Penal Internacional ante los centenares de acusaciones introducidas ante su despacho por sectores democráticos, la Organización de Estados Americanos e instituciones de defensa de los derechos humanos. Entre ellos el asesinato por tortura en las mazmorras de la siniestra Dirección General de Contrainteligencia Militar del Capitán de Corbeta Rafael Acosta Arévalo

En tal sentido, el 3 de julio de 2019, en el portal *Noticiero Digital*, el embajador del presidente (e) Juan Guaidó en Canadá, Orlando Viera Blanco publicó el artículo que se transcribe a continuación:

-El cobarde y vil asesinato del Capitán de Corbeta Rafael Acosta Arévalo pone sobre la mesa una vez más la impunidad alevosa y peligrosa que se teje alrededor de la justicia universal. Un nuevo episodio indignante por horrendo y salvaje que sin duda ha podido evitarse (como muchos otros) si la Corte Penal Internacional de Justicia de La Haya hubiese ordenado el inicio de una investigación por delitos de lesa humanidad contra el carnicero de Caracas. La cañería revolucionaria sigue destapada y desbordada.

Impunidad: licencia para matar.

Desde las protestas 2014, se han venido documentando numerosos casos de homicidios por represión, torturas, persecución política, muerte por encargo, ajusticiamientos, privaciones de libertad (…) plenamente substanciados por testimonios auténticos ante la OEA, llevados a la Corte Penal Internacional. La Fiscal de esta elevadísima autoridad, la Sra. Fatou Bensouda, está en el deber (Art 14 y 15 ejusdem) de comprobar la veracidad de la información recibida y recabar más información de los Estados, los órganos de las Naciones Unidas, las organizaciones intergubernamentales o no gubernamentales u otras fuentes fidedignas que considere apropiadas y recibir testimonios escritos u orales en la sede de la Corte. ¿Lo ha hecho? ¿Se ha Comunicado con la Sra. Bachelet? ¿Ha sido oficiosa en analizar y verificar hechos notorios comunicacionales?

El artículo 13 del referido convenio de Delitos contra la Humanidad, contempla de obligación de iniciar investigación formal contra aquellos Estados forajidos, cuando la acusación provenga del Consejo de Seguridad de la ONU (Cuerpo marco vinculante); de cualesquiera de los países miembros del Estatuto de Roma o de la propia Fiscal. Y el Artículo 58 sobre la 'Orden de detención u orden de comparecencia dictada por la Sala de Cuestiones Preliminares' establece que en cualquier momento después de iniciada la investigación, la Sala de Cuestiones Preliminares dictará, a solicitud del Fiscal, una orden de detención contra una persona si, tras examinar la solicitud y las pruebas y otra información presentada por el Fiscal, está convencida que hay motivo razonable para creer que se ha cometido un delito. ¿Cómo no llegar a esa convicción tras cientos de denuncias, incidencias, muertes, maltratos, torturas y exterminio harto documentado? La consecuencia de la inacción: muerte y desolación.

Ella lo sabe. Todos lo saben. No hace nada

Hace más de dos años la Sra. Bensouda dictó medida de estudio preliminar contra el régimen de Caracas. Más de 60 naciones lo han caracterizado (Maduro) como tiránico, autoritario e ilegítimo. Y mataron a Fernando Albán y ahora al Capital Arévalo Acosta. Cientos de detenciones precedidas de cientos de jóvenes asesinados en protestas…No hay derecho

Si hubiese prevalecido una articulación eficiente entre el Alto Comisionado de DDHH de la ONU y la CPI, Maduro no seguiría en el poder. Es la verdad. Es la deuda de la justicia global con Venezuela y el mundo. La OEA hace dos años hizo su parte. La CPI brilla por su ausencia. Peligroso. Criminal. Indignante.

Cuando la forma es la muerte

La "excusa" que por años hemos escuchado sobre la inoperancia de la Corte Penal de Justicia de La Haya, es su burocracia. Entre burós, atuendos y poltronas que le han costado a la humanidad más de 1.4 billones de euros, miles de seres humanos han caído en manos de gorilas dictadores en tierras desalmadas, donde van por libre como pájaros, gracias a "los protocolos de la justicia". Formatos de relatoría, autenticidad documental, en fin, pitos, flautas y recovecos leguleyos, inadmisibles en tiempos de globalización del crimen y de las mafias. Mientras un avión sale de Moscú rumbo a Damasco, Marruecos y Caracas llevando lo que le da la gana en términos de armas, dinero sucio o mercenarios y regresa por la misma ruta pleno de oro, droga o diamantes, sin otro riesgo que cruzar el cielo y el mar azul del atlántico, en la Haya cuentas ovejas y pastorean…

Esto no puede seguir así. La forma que justifica la muerte. En tiempos de tecnología, comunicación digital, los mecanismos de validación probatoria en redes se han universalizado. Sobran imágenes, testimonios, relaciones causales y factuales, documentos, flagrancia, que dan certeza de los crímenes contra la humanidad cometidos en Venezuela. Y es un secreto sotto voce, que la verdadera "forma" ha sido en parentesco gobiernero que hace antesala en La Haya. El engavetamiento es inducido, por lo que esta perversa omisión de justicia debe ser denunciada por la comunidad internacional. En la activación de la Justicia Penal Internacional está la salida de Maduro.

Tres líneas para terminar

Desde que el presidente Uribe anunció acusar a Chávez (Cumbre del Grupo de Rio en Santo Domingo Marzo/2008) ante el alto despacho de La Haya por auspiciar a la FARC, desde las denuncias de Diego Arria (Nov 2011), Leopoldo López, Tamara Sujú (2014), Iván Duque y naciones como Francia, Canadá, Perú, Costa Rica, Alemania, Argentina, Ecuador (2017); del propio S/G Almagro y la OEA toda, la CPI tenía que haber sustanciado, investigado, enjuiciado y capturado.

Pero queda claro La Sra. Bensouda: le va más la ideología que la justicia. Es con Usted. Asuma su responsabilidad o inhíbase de la causa. Las razones saltan a la vista.

Irrespeto a la Constitución Nacional.

"Ya basta de torturas y asesinatos" exclamó alarmado el exgobernador del Estado Aragua e investigador de la corrupción del socialismo del siglo XXI. Carlos Tablante, el 3 de julio de 2019 en el portal *Noticiero Digital*, del que es asiduo articulista.

-La desaparición forzosa, tortura y asesinato del Capitán de Corbeta Rafael Acosta Arévalo –explicó- no es solo responsabilidad de los actores materiales que ahora Maduro señala a través de sus subalternos en los poderes públicos. Es por todos sabido que en la DGSIM y en el SEBIN no se hace nada sin órdenes superiores.

Como en la fábula de la rana y el escorpión, la narcodictadura de Nicolás Maduro es por naturaleza criminal y, en virtud de ello. tortura y trata con crueldad a los prisioneros políticos, incumpliendo las recomendaciones de Michelle Bachelet, Alta Comisionada de la ONU para los Derechos Humanos, y premiando a los torturadores militares con ascensos de generales en jefe, como ha ocurrido recientemente con Néstor Reverol y Remigio Ceballos

Carlos Tablante adicionó:

-Pisoteando la Constitución, el Estado de Derecho y de Justicia, como es su característica, la dictadura de Maduro persigue, tortura y asesina a los disidentes. Además, viola de nuevo los artículos 45 y 46 de la Constitución Nacional que establecen que "se prohíbe a la autoridad pública sea civil o militar, aún en estado de emergencia, excepción o restricción de garantías, practicar, permitir o tolerar la desaparición forzada de personas".

Más adelante del mismo artículo 45, la Constitución subraya que el "funcionario o funcionaria que reciba orden o instrucción para practicarla (la desaparición forzosa) tiene la obligación de no obedecerla y denunciarla ante las autoridades competentes" o en su defecto "acudir a instancias internacionales".

Por su parte, el artículo 46 señala que "toda persona tiene derecho a que se respete su integridad física, psíquica y moral" por lo que "ninguna persona puede ser sometida a penas, torturas o tratos crueles, inhumanos o degradantes". Además, la responsabilidad de los que ordenan o permiten esta conducta está claramente señalada cuando se dice que "todo funcionario público o funcionaria pública que, debido a su cargo, infiera maltratos o sufrimientos físicos o mentales a cualquier persona, o que instigue o tolere este tipo de tratos, será sancionado o sancionada de acuerdo con la ley".

Por el contrario, actualmente los responsables de la mayoría de estos hechos gozan de impunidad. La misma impunidad que protege a los corruptos que desde los cargos más altos hasta los más insignificantes de la estructura gubernamental, han saqueado y saquean los recursos de todos los venezolanos.

En otro fragmento del artículo el autor apuntó:

-Resulta inaceptable que mientras la dictadura asesina a oficiales venezolanos que decidieron cumplir con su rol en defensa de la Constitución premia a otros que han sido sancionados nacional e internacionalmente por corrupción. Esta semana Maduro designó al general Carlos Osorio, ex ministro de Alimentación y ex presidente de CASA, en la presidencia de la Corporación Venezolana de Minería, colocando en sus manos el control total del oro y todos los minerales del país. Seguramente también tendrá a su cargo la relación con las redes criminales que operan impunemente en el arco minero.

También expresó:

-Sin duda, el asesinato del Capitán Acosta Arévalo, perpetrado casi al mismo tiempo que Michelle Bachelet, Alta Comisionada de la ONU para los Derechos Humanos finalizaba su visita al país, impide continuar con las reuniones entre la oposición democrática y la dictadura hasta que no se inicie una investigación internacional, independiente e imparcial y se castigue ejemplarmente a los responsables.

Las cuatro preguntas claves de la diputada Yajaira Forero.

El 3 de julio de 2019 el periodista Víctor Amaya, de *TalCual*, reportó:

-El Ministerio Público acusó formalmente a dos funcionarios militares de la Guardia Nacional, adscritos a la Dirección General de Contrainteligencia Militar (DGSIM) como los homicidas del Capitán Arévalo Acosta y los imputaron con homicidio preterintencional concausal. Además, el Ministerio agregó que había una causa preexistente que, en este caso, los sospechosos no sabían que existía. La Asamblea Nacional (AN) denunció que la precalificación no tiene los alcances que debería y que la causa fue añadida para que la pena fuera más corta.

En efecto, "La diputada Yajaira Forero, excomisaria de la Policía Metropolitana, abogada penalista e integrante de la Comisión Permanente de Política Interior del parlamento, cree que el objetivo de esta actitud de la Fiscalía puede ser "Que los culpables ya estén en libertad en menos de dos años y con una medida condicional. Se busca dejar impune el asesinato del Capitán Acosta Arévalo, porque nos preguntamos, ¿dónde está el delito de desaparición forzada?".

Víctor Amaya recordó:

La desaparición forzada de Acosta Arévalo fue denunciada por sus familiares y abogados desde el momento de su detención por parte de personas armadas, como lo admite la propia oficina de la Alta Comisionada de las Naciones Unidas para los derechos humanos, Michelle Bachelet.

"Lo que nosotros presumimos es que durante esos días estaba siendo torturado, para luego ser presentado en esas condiciones al tribunal. ¿Dónde queda el delito de tratos crueles e inhumanos y tortura, establecido en los tratados internacionales y en nuestra Constitución, en el artículo 46? Estos son delitos de lesa

humanidad, ¿dónde quedan?", se pregunta Forero.

-Si este caso se hubiese precalificado por ley de tortura, ¿hasta dónde escala? - pregunto.

-En que tienen que ser condenados por un homicidio calificado, con la agravante de la intención que tuvieron a través de la tortura. Y que la condena sea una mucho más elevada que dos a cuatro años, en este caso de homicidio preterintencional.

-En el caso de que el caso vaya por la ley de la tortura, ¿también habría que investigar cadena de mando, responsables, supervisores…?

-No es posible que aquí se vaya a imputar a dos funcionarios de bajo rango, mientras se vienen denunciando durante mucho tiempo las graves violaciones a los derechos humanos y las torturas que se cometen en el SEBIN y en el DGSIM. Yo fui funcionaria policial, sé cómo es la disciplina y la cadena de mando que existe en cada uno de estos comandos. Ahí tiene que haber un responsable de todo lo que sucede dentro de las instalaciones y un superior, que es el que supervisa todo lo que sucede.

Agregó el periodista:

-La diputada Forero lanza más preguntas: "¿Quién dio la orden de secuestrar al Capitán y desaparecerlo? ¿Quién dio la orden de torturarlo? ¿Por qué en vez de trasladarlo a un hospital, lo llevan al tribunal casi muriéndose? ¿Por qué el juez no ordenó de inmediato que se abriera una investigación contra todos estos funcionarios?"

La Alta Comisionada Michelle Bachelet dice estar alarmada por el caso del Capitán Acosta Arévalo y exige que las autoridades venezolanas, el Ministerio Público encabezado por Tarek William Saab y demás, conduzcan una investigación exhaustiva, tras lo cual preguntó: ¿Cuál es su opinión con respecto a esa solicitud?

Respondió la diputada:

-En principio, me alegré de ver cómo Michelle Bachelet reconoció que el Capitán Arévalo fue asesinado después de haber sido torturado. Pero luego veo muy incongruente que ella pida eso, cuando sabe que la impunidad tan grande que hay en Venezuela es porque que las instituciones están secuestradas. No tenemos un Fiscal imparcial, ni siquiera sabemos cómo se llama el Defensor del pueblo porque no aparece por ningún lado. Acá todos los poderes, a excepción de la Asamblea Nacional legítima, están secuestrados por Nicolás Maduro y sus cómplices. Entonces, ¿cómo pretende Michelle Bachelet que sean estas mismas autoridades, las que hoy están ocultando a los homicidas del Capitán, imputando a estas dos personas por un homicidio preterintencional, las que van a hacer la investigación?

La Asamblea Nacional ha solicitado una investigación imparcial y que se aplique el protocolo de Estambul y de Minnesota, en el caso de ejecuciones extrajudiciales, que trabaje sobre el caso Acosta Arévalo, incluyendo la exhumación del cadáver y una nueva autopsia para determinar las verdaderas causas de su muerte.

Capitán Rafael Acosta Arévalo: El Hombre Nuevo

Con este título Eduardo López Sandoval publicó un artículo en *TalCual*, el 2 de julio de 2019, del que extraje los segmentos que siguen:

Todos lloramos la muerte de este venezolano, decimos todos porque incluso la mayoría de quienes se declaran chavistas como posición de pensamiento no están de acuerdo con la muerte mediante tortura a ningún ser humano. Vamos mucho más allá, esto tiene que causar el amargo dolor con sabor a llanto que le provoca Hitler al globo civilizado con su genocidio. Del "todos" que se describe sólo están excluidos, seguro, ese pequeño grupo de sujetos armados y/o con guardaespaldas que detenta ilegítimamente el poder político en este expaís.

El Hombre Nuevo no es la víctima que murió por la salvaje tortura, no, en este caso es el dueño del puño revolucionario que golpeó hasta matar a este joven militar. El Hombre Nuevo no es la joven esposa del militar, ¡NO!, es el militar del Gobierno Bolivariano que dio la orden de torturar hasta matar

Es que el Hombre Nuevo no mata con el uso de la tortura, dicen ellos que ese golpear no es tortura, ja.

Recuérdese que algún oscuro personaje del sexo femenino, que ocupó el cargo nada más y nada menos que de Defensora del Pueblo, se le ocurrió la novedosa idea: "no es tortura cuando se castiga físicamente a un ciudadano sin el objeto que confiese algo", "que el término "tortura" implica que quien la realiza quiere obligar a la víctima a dar una confesión…"

De esta revolucionaria idea se concluye, uno, no es necesario golpear cuando las pruebas para inculpar al reo ya están fabricadas, y el juez es también un revolucionario bolivariano puesto ahí por el Partido para eso, para ver lo que no es; y dos, como el golpear para la confesión no es necesario, se tolera que el revolucionario que golpea, –que no tortura–, lo haga por el puro placer. O bien lo hagan por venganza, disque porque sus ancestros fueron torturados en la mal llamada Cuarta República… Este es el Hombre Nuevo.

Los hechos del asesinato del Capitán Rafael Acosta Arévalo no dan lugar a elucubraciones, invenciones, fantasías, imaginaciones o ficción alguna, no, todo está completamente claro.

El ciudadano estaba en manos de un organismo policial del Gobierno Bolivariano y murió a causa de la tortura, o más bien, corrijo: El ciudadano estaba en manos de un organismo policial del Gobierno Bolivariano y murió a causa de la salvaje golpiza. Este es el Hombre Nuevo

La novedad de este hecho, de allí el adjetivo Nuevo, es que se incluye una novedad, –y valga la redundancia de la novedad–, y es que diferente al asesinato del concejal Albán, que dejaron y promovieron la posibilidad remota de un suicidio, en este caso lo presentaron ante el mundo, ante un tribunal penal, sin ninguna careta. Gritaron ante las televisoras:

– ¡Este escuálido estaba en nuestras manos y lo golpeamos hasta matarlo!

Con claro lenguaje han dicho:

-Para quien lo dude mire con sus propios ojos, oigan como susurra con la voz apagada por la tortura: ¡auxilio! ¡Ustedes están en nuestras manos!

Este es el Hombre Nuevo.

Vale este paréntesis de dolor, Tamara Sujú, abogada y defensora de los derechos humanos denunció a través de su cuenta en Twitter que cuando Acosta Arévalo llegó al juzgado, presentaba signos de tortura. "No hablaba, sólo pedía auxilio a su abogado. No entendía ni escuchaba bien"

Pero "Este Hombre Nuevo no es tan nuevo", pues "como categoría de análisis nació por allá hace cien años en la extinta Unión Soviética, sobrevive en pocos lugares del mundo, en las monarquías comunistas de Cuba, Corea del Norte y en esta exrepública. Y en algunos cerebros calenturientos y apolillados que se reúnen en un conciliábulo llamado Grupo de Río, los Kitchner, Los Chávez, los Castro, los Lula, entre ellos".

Honor y Gloria

Sobre él escribió también, en *TalCual*, el articulista Beltrán Vallejo, el 3 de julio de 2019 el texto titulado "Capitán de Corbeta Rafael Acosta: ¡Honor y Gloria!" Capitán de Corbeta Rafael Acosta: ¡Honor y Gloria!", en el que al inició expresó:

-A más de cuarenta y ocho horas de la muerte bajo custodia de este preso político, el Capitán de Corbeta Rafael Acosta, detenido en los días en que Michelle Bachelet estaba en Venezuela, acusado de conspirar para derrocar a Maduro, llama dolorosamente la atención el silencio de la Alta Comisionada de Derechos Humanos de la ONU. Espero, por su propio bien como representante de un organismo internacional, que no sólo diga algo ya, sino que actúe terminando de abrirle el expediente a la pandilla neototalitaria de Venezuela para que en algún cercano momento los veamos juzgados en la Haya o en donde carajo sea.

Desgraciadamente esta alta funcionaria de la ONU solamente expresó su consternación por la muerte de RAA y la Corte Penal Internacional, que parece haber blindado de impunidad la narcodictadura de Nicolás Maduro, responsable directo de ese y de la decena de asesinatos de prisioneros política, mediante la crueldad de la tortura en todas sus criminales expresiones, y cuando a esa instancia llega alguna denuncia contra el régimen mal llamado bolivariano inmediatamente lo archiva

En otro fragmento del artículo Beltrán Vallejo manifestó:

-Además, es Increíble la torpeza del régimen de Maduro; ha repetido la misma brutalidad que cometió con el concejal Fernando Albán, quien fue asesinado en plena visita de un senador estadounidense, y ahora este militar perece a apenas días de haber adquirido la "usurpación" unos supuestos compromisos con Bachelet, que insisto, hasta los momentos en que escribo estas líneas, parece la Esfinge de Guiza.

Y agregó en el párrafo siguiente:

-Ahora bien, quiero dejar una reflexión con la debida connotación histórica que tiene este lamentable suceso. Sí, me dirán que no es el primer preso que muere torturado, que fallece en manos de los esbirros del régimen; por ejemplo, todavía está fresca la muerte abominable de Albán. Lo que pasa es que esta muerte deberá tener un impacto sobre el escenario más complejo para la definición de la lucha por el poder en Venezuela, que son las Fuerzas Armadas. Ya lo ha tenido a nivel internacional, porque este mundo globalizado, que sí sabe detectar lo sensible, está expresando lo delicado del asunto.

Esta tragedia nos lleva a las tropelías represivas de un Pedro Estrada durante la Dictadura de Marcos Pérez Jiménez. Digo incluso que la muerte del Capitán de Corbeta Rafael Acosta puede inscribirse en la tradición tenebrosa de los asesinatos del teniente León Droz Blanco y del Capitán Wilfrido Omaña, cometidos por los esbirros del Chacal de Güiria.

Al final expresó:

-Señores del régimen que tiraniza a Venezuela, ojalá que hayan cometido el peor error de todos los que han cometido, originado por su salvajismo y sevicia natural. ¡La impunidad no es eterna!

El maquillaje insuficiente de los torturadores.

El 1 de julio de 2019 Xabier Coscojuela escribió en *TalCual* un artículo donde, además de referirse a la deportación de 59 presuntos paramilitares colombianos de los 90 que cuerpos represivos de la narcodictadura habían detenido tres años antes, analizó el asesinato del Capitán de Corbeta Rafael Acosta Arvelo, afirmando que en su caso "pareciera haber ocurrido un error de cálculo", ya que "A los torturadores se les pasó la mano. Porque las torturas no son la excepción sino la regla".

Coscojuela añadió:

-PROVEA tiene documentados casos del año 2018 y señala que justamente es en la Dirección de Contrainteligencia Militar donde se tortura más, y no por poco: 75% de las denuncias que se hacen públicas. Eso lo sabe todo el Gobierno, porque es una práctica aprobada por toda la cúpula gubernamental, y ha sido evidenciado ante la CIDH con pruebas, testimonios y videos.

En el siguiente párrafo señaló:

El ministerio de la Defensa dice en su comunicado que el oficial se desmayó cuando era presentado ante el tribunal. No dice que ese desmayo fue producto de las torturas que había sufrido y que eran evidentes para todos los que estuvieron en esa corte, como dejaron constancia de ello los abogados defensores a través de las redes sociales. Hasta el juez cuando manda al hombre al hospitalito, lo deja colar. Allí entonces la responsabilidad no solo se desparrama sobre los ejecutores de las golpizas, sino sobre todos los involucrados en la custodia y hasta el traslado de la víctima.

Sin embargo "El comunicado que colgó en las redes el ministro de Comunicación, Jorge Rodríguez, es todavía más descarado", puesto que "Asegura que el oficial estaba detenido por participar en un intento de golpe de Estado, pero que para dicha detención se había cumplido estrictamente con el debido proceso y el respeto a los derechos del oficial".

En términos irónicos el articulista comentó sobre ese comunicado: "Su muerte confirma estas afirmaciones, claro está".

Después expresó:

-El fiscal de facto emitió su comunicado después de que se lo ordenaron desde Miraflores. Nada nuevo en sus palabras. "Garantiza" una investigación objetiva, independiente e imparcial, justamente lo que nunca hace, pues se ha convertido en el sicario judicial del régimen. Saab es el equivalente a Roland Freisler, el nazi que Hitler utilizaba para darse un baño de legalidad.

Del defensor del Pueblo Alfredo Ruiz, también impuesto ilegalmente por la constituyente, no se ha escuchado nada, lo que es coherente con su conducta de alcahuetear todas las violaciones a los derechos humanos que se vienen cometiendo en Venezuela durante los últimos años.

El artículo concluyó así:

-El asesinato del Capitán de Corbeta Acosta Arévalo no es más que un paso más en la degradación moral del chavismo-madurismo. Se anuncia la detención de algunos integrantes de la DGSIM por este caso. Tengamos claro que no los detienen por practicar la tortura. Lo hacen porque se les pasó la mano y pusieron a Maduro y sus secuaces en evidencia.

Maduro se burló de Bachelet

El narcodictador no tiene sentido de la palabra empeñada, que, en el argot de los jugadores de envite y azar, es sagrada. Por lo tanto, no resulta extraño que se haya burlado de la Alta Comisionada para los Derechos Humanos, Michelle Bachelet.

En *TalCual*, de fecha 2 de julio de 2019, Sebastián Boccanegra aseguró que "Ni el fiscal de facto, ni el defensor del gobierno, ni ninguno de sus subalternos, entran en la Dirección de Contra Inteligencia Militar ni en el Servicio Bolivariano de Inteligencia", y a su juicio "Eso da una idea de la investigación que pueden hacer ambos organismos del asesinato del Capitán de Corbeta Rafael Acosta Arévalo". Esto, claro "Suponiendo que tuvieran algún interés de determinar responsabilidades en este caso", ya que tanto el fiscal ilegítimo Tarek William Saab, como el defensor del pueblo, Alfredo Ruiz son fichas sin carné del gobernante Partido Socialista Unido de Venezuela y ambos funcionarios "han sido consecuentes con todas las violaciones a los derechos humanos que se cometen en Venezuela". Vale decir, "Desde el uso excesivo de la fuerza para contener manifestaciones, con la consecuente muerte de manifestantes, además de los cientos de heridos, así como con las golpizas y torturas sufridas por quienes han tenido la desgracia de caer en las manos de cualquiera de los cuerpos policiales que actúan en el país" Según Boccanegra "También han avalado la acción de los grupos paramilitares conocidos como colectivos."

A lo anterior se agrega su participación militante en el desconocimiento de la voluntad popular que eligió a la Asamblea Nacional y en la violación de la inmunidad parlamentaria de sus integrantes. Ambos personajes actúan solo cuando les dan órdenes desde Miraflores, las cuales acatan sin chistar.

Recordó, además:

-Nicolás Maduro se comprometió, públicamente, a aceptar la propuesta de la alta comisionada de los Derechos Humanos de las Naciones Unidas, Michelle Bachelet, para que sus representantes pudieran visitar las cárceles del país. No han transcurrido ni quince días de dichas palabras cuando las mismas han sido desconocidas en la práctica, pues tenemos la información de que ambos funcionarios han solicitado visitar las celdas de la DGSIM y, sin bien no les han negado la petición, tampoco la han atendido, dándole largas a los representantes de la ONU.

Al final expresó:

-Ya sabíamos en Venezuela que la palabra de Maduro no tiene ningún valor. Ahora eso también lo están comprobando en otras latitudes.

¡Auxilio!

Fue el título del artículo que publicó en su columna "Humor en serio", de *TalCual*, del 2 julio de 2019, el politólogo y humorista Laureano Márquez@laureanomar.

-Ya perdí –dijo de entrada- la cuenta de cuantas veces lo he leído y todas me afectan de la misma manera: el Capitán de Corbeta llegó al tribunal "molido" por las torturas, con la mirada perdida, sentado en una silla de ruedas ante la imposibilidad de tenerse en pie, solo era capaz de pronunciar débilmente una palabra, dirigiéndose a su abogado: "¡auxilio!". Me revuelve el alma el pensar en qué clase de horrores viviría este ser humano en sus últimas horas, en el dolor de su familia, de su esposa, de su madre, que no trajo un hijo al mundo para verlo sufrir. Pienso en María ante la cruz.

En el siguiente párrafo expresó:

El llamado de "¡Auxilio!", del Capitán de Corbeta Rafael Acosta Arévalo no es solo suyo, es el de toda una nación desesperada que ya no sabe qué hacer. Una nación que se equivocó en su elección -ciertamente- por la confluencia de una multitud de razones y de ignorancias acumuladas, que también tienen culpables, pero que no merece ser torturada hasta morir por ello. Venezuela está siendo asesinada cruelmente y se necesitaría no tener corazón para no denunciarlo a los cuatro vientos, para no gritarlo con desesperación.

Y al citar la situación de la tortura en Venezuela aseguró que este flagelo "hoy tiene demasiadas formas y modalidades". Sin embargo, "Como en toda situación de maldad generalizada solo trascienden las más relevantes, pero el horror se nos ha vuelto el pan nuestro de cada día: los mayores que viven de su pensión también están siendo torturados, los niños que padecen en los hospitales públicos, todo aquel que muere por falta de asistencia médica, por carencia de insumos, aquel cuyo sueldo no alcanza para dar de comer a sus hijos recibe su dosis de tortura cada vez que se sienta a la mesa, el que huye caminando por la frontera, cruzando páramos helados o perdiendo la vida ahogado en el mar, las víctimas de la brutal represión, como terrible y doloroso caso del joven tachirense que acaba de perder la vista a causa de perdigonazos a quemarropa en medio de una protesta por la falta de gas, ¡le dispararon a los ojos!:

Asimismo, sentenció:

-Toda Venezuela es un solo grito de auxilio. Como en toda situación desesperada, ya nadie sabe qué hacer, hemos perdido el rumbo, la razón nos abandona y cede su espacio a la indignación y la rabia. ¿Cómo saldremos de este infierno en el que nos hemos convertido? También eso nos tortura: ya no sólo detestamos al narco-régimen criminal, asesino, corrupto y cruel, nos detestamos todos, incluso los que estamos de acuerdo, a favor de la democracia, bien por una ambición de poder que luce absurda ante los acontecimientos que nos agobian, bien porque toda propuesta nos parece una traición que nos lleva a descalificar al que ayer era nuestro héroe.

Estamos perdidos señores del mundo y tenemos razones para ello, no es poca cosa lo que nos ha tocado. El régimen venezolano será estudiado en ciencia política como una de las peores degradaciones de la convivencia humana en la historia universal. El nuestro es el peor de todos los rumbos que puede tomar la conducción de un Estado: su conversión en una banda criminal de asesinato y tortura.

La situación venezolana puede terminar en una de las más dolorosas tragedias de la historia, si el mundo no se la toma en serio, si gente deleznable continúa mediando en nuestra desgracia, zamureando nuestras ruinas para su propio provecho

Igualmente precisó:

-Lo que sucede en Venezuela es para que las organizaciones de derechos humanos actúen con claridad, contundencia y rapidez. Eso de que este tiempo de dictadura no se mide en meses ni años, sino en muertes es una angustiosa verdad.

Uno entiende que los organismos internacionales no pueden hacer mucho, porque están diseñados justamente para que no puedan hacer mucho. Un orden mundial de justicia es imposible de lograr, mientras los intereses de las potencias lo frenen, pero algo serio hay que hacer, más allá de contemplar la masacre y la estampida de una nación. Nuestros connacionales tienen que ser socorridos, dentro y fuera del país.

Ya Venezuela, como el Capitán de Corbeta Acosta Arévalo, no puede tenerse en pie, con la mirada perdida, solo tiene fuerzas ya ni siquiera para gritar, sino para susurrar una sola palabra: "¡auxilio!".

La brutalidad gubernamental

Un reporte del periodista Jesús A. Herrera S., del portal *Noticiero Digital*, de fecha 2 de julio de 2019, señaló:

-La Cancillería británica reaccionó este martes a la muerte del Capitán Rafael Acosta Arévalo, oficial de la Armada venezolana, que falleció bajo custodia en la DGSIM el pasado 29 de junio.

Lo hizo en un Comunicado emitido en el portal oficial de ese organismo en el cual reveló:

-Son profundamente preocupantes las denuncias de que Rafael Acosta fue violentamente torturado mientras se encontraba bajo custodia…la muerte del oficial es un "recordatorio oportuno" sobre la "brutalidad del régimen de Nicolás Maduro". "Debemos ver un cambio en Venezuela".

El Ministerio Público de la narcodictadura imputó a un teniente y un sargento de ser culpable de la muerte del Capitán de Corbeta Rafael Acosta Arévalo, pero bajo la figura de "homicidio con causal preterintencional", dejándose de lado las acusaciones hechas por su abogado, Alonso Medina Roa, de que el castrense fue víctima de torturas.

Extracto de la autopsia

El 2 de julio de 2019 el portal *Noticiero Digital* dio a conocer u extracto de la necropsia efectuada al cadáver de Rafael Acosta Arévalo en la Morgue de Bello Monte a la que tuvo acceso el periodista Eligio Rojas, del diario *Últimas Noticias*, y que publicó en su cuenta en Twitter.

Agregó la fuente que "En la imagen compartida por Rojas se aprecia que la causa de muerte de Acosta Arévalo fue por "edema cerebral severo debido a insuficiencia respiratoria aguda, debido a rabdomiólisis por politraumatismo generalizado".

Y explicó que "La rabdomiólisis es la descomposición del tejido muscular que ocasiona la liberación de los contenidos de las fibras musculares en la sangre y que son dañinas para el riñón, capaces de generar daños renales severos en el paciente"

Indicó, asimismo, que "Generalmente, los traumatismos, lesiones por aplastamiento y quemaduras son las que ocasionan esta condición".

Rafael Acosta Arévalo murió durante su permanencia en la DGSIM, luego de que fuera acusado de conspirar para llevar a cabo un "intento de golpe" en contra del narcodictador Nicolás Maduro.

Las lágrimas de cocodrilo de Bachelet

Los medios digitales informaron en su momento que, de los ojos de la Alta Comisionada de la ONU para los Derechos Humanos, Michelle Bachelet, brotaron lágrimas de dolor al entrevistar a los familiares de las víctimas de tortura y tratos crueles de los cuerpos represivos de la narcodictadura para preparar el informe que desnudó al mundo la pesadilla de los presos políticos en sus mazmorras y enterarse de los centenares de muertes provocadas por las siniestras FAES, cuya disolución recomendó. Lágrimas de cocodrilo porque en ningún momento esa demostración de sentimiento estuvo acompañada de medidas inmediatas que pusieran fin a tantas violaciones de los derechos humanos.

Irónicamente, a pesar de que el informe fue superficial, Bachelet se granjeó la repulsión del régimen y en el segundo reporte fue declarada enemiga del mal llamada socialismo del siglo XXI, a pesar de que no cumplió ninguna de las promesas que le hiciera Nicolás Maduro cuando se reunió con él. Al contrario, felicitó a las FAES y premió con ascensos inmerecidos a los oficiales de las Fuerzas Armadas acusado de violadores de los derechos humanos.

Respecto al asesinato de Rafael Acosta Arévalo su única reacción fue declarar que se sentía conmovida por ese hecho, y en cuanto a la penalización de los dos presuntos responsables materiales de ese hecho por vía de la justicia ordinaria, se limitó a cuestionar que no se les haya juzgado por la Ley Especial Contra la Tortura.

Estos datos fueron tomados del portal *Noticiero Digital*.

Sobre el tema de la penalización de los presuntos autores materiales del crimen. el 3 de julio de 2019, Ángel David Quintero, reportó lo informado al respecto por la fiscal en el exilio, Luisa Ortega, a Sergio Novelli:

-En el caso de Acosta Arévalo hubo un procedimiento previo irregular. Hay un programa escatológico los miércoles en la noche en el canal del estado donde se lanzó lo que se le estaba haciendo al Capitán. No son las autoridades competentes las que anuncian las detenciones sino los políticos porque responden a razones políticas las detenciones", indicó.

Ahora supuestamente detienen a dos personas que son los supuestos responsables, pero anoche oía que estas personas parece que no existen, que es algo que estamos investigando. Además, los presentan y los imputan por delitos que nada tienen que ver con los hechos ocurridos…

Hubo un homicidio, pero la víctima pierde la vida porque fue torturado y ese delito de la tortura priva sobre lo demás y entonces hacen ver que se trata de un delito común y no un delito de DDHH, para que la opinión internacional no califique al Gobierno como violador de los DDHH",

El reporte añadió:

-Además, Díaz explicó que a los detenidos se les acusa de homicidio no intencional, sin embargo, este es un delito que ocurre, por ejemplo, cuando una persona golpea a otra sin intención de matar y el agredido fallece, no cuando se recurre a la tortura y la víctima muere.

Medidas cautelares para la familia

Al estilo cubano, la narcodictadura la emprendió contra la familia del finado y de su viuda, por lo cual, el 3 de octubre de 2019 la Comisión Interamericana de Derechos Humanos consideró que ambas se encontraban "en una situación de gravedad y urgencia", y por lo tanto, accedió a otorgar las medidas cautelares tras la solicitud interpuesta por la defensora de DDHH, Tamara Sujú, luego de alegar que tanto la familia del fallecido Capitán como la de su esposa, estarían siendo intimidados por los órganos de seguridad del Estado por lo que estarían en "una situación de riesgo".

El texto, publicado en *Noticiero Digital*, indicó que en ese sentido dicha organización solicitó al gobierno de Nicolás Maduro que informe en un plazo de 15 días sobre la adopción de dichas medidas, según un documento difundido por Sujú.

Las poco sutiles diferencias entre homicidio y tortura

Fue Jesús Alejandro Loreto C., quien en el portal *Prodavinci*, ante la brutalidad de la represión del régimen para doblegar a la mayoría democrática que lo adversa por las formas pacíficas constitucionalmente permitidas describió las diferencias poco sutiles existentes entre homicidio y torturas.

Comenzó denunciando:

-El Defensor del Pueblo, Alfredo José Ruíz Angulo, es prácticamente un desconocido para los venezolanos,

Y aunque tiene un rol determinante en la "Ley Especial para Prevenir y Sancionar la Tortura y otros tratos crueles, inhumanos o degradantes", toda su voz no se escucha dentro de defensa de ninguno de los torturados dentro de cárceles venezolanas.

Agregó que este funcionario hizo acto de presencia tres días después de la muerte por tortura infringida por funcionarios de la Dirección General de Contrainteligencia Miliar y afirmó que está académicamente para cumplir cabalmente las funciones inherentes a ese cargo en materia de la defensa de los derechos humanos.

Según el articulista, Ruiz Angulo no se ha fijado en el artículo de la Ley acerca de torturas, donde queda ciertamente establecido que ya los sujetos de esa ley son los funcionarios de la Fuerza Armada Nacional Bolivariana, la Policía Nacional Bolivariana, las policías estatales, municipales, los cuerpos de seguridad ciudadana y los cuerpos de seguridad del Estado, que violenten los derechos humanos. Asimismo, a los funcionarios públicos adscritos al sistema penitenciario y al sistema nacional de salud.

La Ley acerca de tortura se dirigió suscrita, dentro de junio de 2013, hace seis años exactamente, por el luego primer magistrado de la Asamblea Nacional, Diosdado Cabello Rondón, dentro de la primera vicepresidencia Darío Vivas, Blanca Eekhout dentro de la segunda y Víctor Clark en la secretaria.

Y define ciertamente lo que son:

1. Violación de derechos humanos.

2. Tortura: son actos por los que ya se inflige intencionadamente a una persona dolores o bien sufrimientos, ya sea físicos o bien mentales, con la pretensión de conseguir de ella o bien de un tercero, data o una confesión, de castigarla por una ceremonia que ya haya cometido, o de intimidar o bien coaccionar a esa persona o a otras. También se entenderá Al igual que tortura la aplicación acerca de una persona de métodos tendientes a anular la personalidad de la víctima o a disminuir su capacidad física o mental;

Aunque no acusen dolor físico o bien angustia psíquica.

3. Trato cruel: son actos bajo los cuales se agrede o bien maltrata intencionalmente a una persona, sometida o bien no a privación de libertad, con el fin de castigar o quebrantar la resistencia física o bien ética de ésta, generando sufrimiento o daño físico.

4. Trato inhumano o bien degradante: Cuando se agrede psicológicamente a otra persona, sometida o bien no a privación de libertad, ocasionándole temor, angustia, humillación; o un grave ataque en contra de toda su dignidad, con la finalidad de castigar o quebrantar toda su voluntad o bien resistencia moral.

El autor acotó seguidamente:

-Si algo ha sido inútil para los familiares de los torturados en la Dirección General de Contrainteligencia Militar (DGSIM) es lo especificado dentro del artículo 6 de esa Ley, dentro de cuanto a que ya las víctimas y familiares de tortura, tratos crueles, inhumanos y degradantes tienen derecho a exigir medidas de protección y seguimiento, y medidas de prevención a los órganos y entes competentes.

No acatan la Ley ni siquiera pues sentencia que "es de carácter obligatorio para los órganos competentes dentro de materia de seguridad ciudadana y de prevención, acoger de forma urgente estas medidas y proteger a las víctimas de tratos crueles, inhumanos y degradantes".

Agregó:

-El artículo 11 crea la "Comisión Nacional de Prevención de la Tortura y otros Tratos Crueles, Inhumanos o bien Degradantes", que ya estará integrada a la estructura organizativa de la Defensoría del Pueblo. Ahora bien, si es que dentro de la Defensoría se niegan a percibir las denuncias, qué van a estar dándole curso a las medidas de protección.

Por cierto, que esta Ley añade a los médicos que ya falseen informes doctores legal, psicológico o bien mental, u omita la mención de signos de tortura o bien maltrato, fijando que será sancionado con pena de ocho a doce años de cárcel y suspensión de la licencia por un período equivalente a la pena.

Así como la narcodictadura enterró los cadáveres de Óscar Pérez y Rafael Acosta Arévalo en donde le dio su real y arbitraria gana sin tomar en cuenta el criterio de sus deudos porque ella asesinó a ambos funcionarios y por lo tanto le correspondía enterrarlos, de la misma manera puede inferirse que como los parlamentarios chavistas tienen la paternidad de dicha ley, hasta 2020 sin aplicarse, sus jueces tenían todo el derecho de violarla. Creo que llegará el momento en que a quienes se han negado a aplicarla para evitar la cadena de mando sufrirán el peso de la justicia, ya que son delitos que no prescriben

Al final el articulista aclaró:

-La estructura de tortura cuenta Asimismo con la inacción de la Defensoría, que no recibe denuncias, no asiste a las solicitudes de familiares de los detenidos y se niega a confirmar dentro de qué condiciones están los oficiales o bien civiles en los sótanos de la DGSIM.

La FAES tomó el Cementerio del Este

El temor de la narcodictadura a quienes la adversan en el mundo civil o militar no culmina con la persecución, captura y asesinato de estos, sino que se extiende más allá de la muerte.

El régimen, contrariando disposiciones legales, no sólo los secuestra en vida, como ocurrió con el concejal Fernando Albán, a quien suicidaron desde el décimo piso de la sede del SEBIN en las cercanía de la plaza Venezuela, Caracas, y con el Capitán de Corbeta Rafael Acosta Arévalo, doblemente secuestrado, en vida en las mazmorras de la siniestra Dirección General de Contrainteligencia Militar, que recibe órdenes directas del narcodictador Nicolás Maduro, y luego de su asesinato por tortura, en la Medicatura Forense, de donde salió directamente en un féretro que escogió el propio régimen hasta una fosa del Cementerio del Este, sin tomar en cuenta la opinión de los familiares.

Indira Crespo, de *Punto de Corte*, reseñó que la diputada Delsa Solórzano denunció que ese camposanto fue tomado el 10 de julio de 2019, día del entierro, por efectivos de la abominable Fuerza de Acciones Especiales, más conocidas como FAES, cuya disolución había sido solicitada a Maduro por la Alta Comisionada de la ONU, Michelle Bachelet en el informe elaborado al cumplir su misión de tres días en el país para conocer en directo la situación de los derechos humanos.

Esta fue la nota de la periodista:

-Caracas, 10 de julio de 2019.- La diputada Delsa Solórzano desde la Morgue de Bello de Monte, denunció que en el cementerio del Este existe una seguridad extrema por funcionarios de la FAES, que esperan al cuerpo del Capitán de Corbeta Rafaela Acosta Arévalo.

Hay una seguridad extrema, mucho mayor que con el caso de Óscar Pérez", precisó la diputada Solórzano.

Ya no solo te secuestran vivo, sino también muerto. Se los quitan a la familia y no le dan el derecho ni de llorar a sus familiares. Esto es lo que sucede en Venezuela", expresó la parlamentaria.

Indira Crespo también indicó:

-Solórzano reiteró que el Capitán Acosta fue "secuestrado, torturado, lo asesinaron y ahora no entregan el cuerpo".

Solórzano recalcó que hasta ahora no le han permitido a la familia ver el cuerpo para hacer el reconocimiento "post mortem" y tampoco le han dado hasta ahora algún indicio de que el cuerpo va a ser entregado.

12 días se cumplen hoy del asesinato de Acosta Arévalo, bajo custodia de la Dirección de Contrainteligencia Militar, donde fue torturado. Hasta

la fecha los delegados de Naciones Unidas no han tenido acceso al centro de reclusión, donde se denuncia que ocurren tratos crueles hacia los detenidos que allí se encuentran.

En la última parte de la nota IC informó:

-La viuda del Capitán, denuncia que la entrega del cadáver será controlada y pide ayuda para que le permitan darle cristiana sepultura en paz.

A la 1:20 pm un tip noticioso alertó:

-PNB limita acceso al Cementerio del Este e impide paso de la prensa.

Ángel David Quintero en su cuenta en Twitter @Milmanrique reportó:

-La Policía Nacional Bolivariana limitó el acceso al Cementerio del Este, lugar donde se llevará a cabo el acto fúnebre del Capitán Rafael Acosta Arévalo; solo permite paso de los familiares.

Ni la prensa ni personas cercanas a Acosta Arévalo, e incluso, ajenos a estos hechos, pueden ingresar al cementerio.

La fuente refirió:

-Luego de una entrega controlada que tardó prácticamente toda la mañana de este miércoles, finalmente los familiares del Capitán Acosta Arévalo recibieron su cuerpo, y a las 12:33 pm lo trasladaron al Cementerio del Este, en Caracas.

Quintero advirtió:

-Vale acotar que los familiares deseaban realizar los actos fúnebres de su familiar en Maracay, Estado Aragua, pero el Tribunal 36 de control ordenó "inhumación controlada", lo que implica que el Estado decidió que el cuerpo fuese trasladado al Cementerio del Este.

Por otro lado, el abogado de la familia, Alonso Medina, explicó a la salida de la morgue: "Esto es algo similar a lo que ocurrió con Óscar Pérez, lo que se puede interpretar es que las autoridades del Estado dicen: 'yo lo maté, yo lo entierro', es el Estado quien va a enterrarlo en los próximos minutos. Los familiares pudieron verlo, se reconoció, se hicieron todos los trámites de ley y ahora vamos a la inhumación controlada".

El abogado indicó que fue la hermana del Capitán Acosta Arévalo, María Carmen Acosta Arévalo, quien reconoció el cadáver y señaló también que el informe forense "refleja la realidad de lo ocurrido".

El reporte explicó igualmente:

A las 11:16 de la mañana, aproximadamente, los familiares del Capitán Rafael Acosta Arévalo llegaron a la Morgue de Bello Monte para retirar el cuerpo, en una entrega controlada que ha sido denunciada por Waleswka Pérez, su esposa.

Es de destacar que se les avisó pocas horas antes.

Más temprano, a través de redes sociales, Pérez denunciaba que la morgue de Bello Monte haría una entrega controlada del cuerpo después de 11 días del asesinato.

Asimismo, informó en su cuenta en Twitter que la morgue le va a hacer una entrega controlada con un servicio fúnebre que ellos no solicitaron, así como ocurrió en el caso del piloto de la BAE Óscar Pérez.

A través de un video en Twitter dijo:

-Hoy 10 de julio, denuncio el procedimiento ilegal que está haciendo la morgue de Bello Monte, donde hará entrega controlada de mi esposo, así como lo hicieron con Oscar Pérez, yo no he solicitado ningún servicio fúnebre de esa empresa.

El periodista Dereck Blanco por su parte escribió:

-Policía Nacional Bolivariana estaría presente en la Morgue de Bello Monte; familiares del Capitán de Corbeta, Rafael Acosta Arévalo habrían sido llamados al sitio. Han denunciado trabas para la entrega del cuerpo que lleva más de 11 días en el lugar.

Blanco agregó:

-Al sitio llegó la diputada Delsa Solórzano quien calificó el hecho como una práctica sistemática desde la muerte de Pérez.

El tema es que pareciera que se ha instaurado una práctica desde que vimos la masacre de Óscar Pérez (…) Esta terrible práctica se ha consolidado en los casos como este, es importante destacar con que no basta con que secuestren al familiar, lo torturen, no pueden enterrarlo donde quieran", comentó.

La parlamentaria indicó que ha tenido contacto con la oficina de la Alta Comisionada para que esté al tanto de todo lo ocurrido.

"Hemos tenido contacto con la oficina de la Alta Comisionada y están atentos con lo que sucede con el cuerpo de Acosta Arévalo", enfatizó.

Por otro lado, la cuenta en Twitter@GabyGabyGG alertó:

-#10Jul #MorgueDeBelloMonte Llega la familia del Capitán #RafaelAcostaArévalo a la morgue para identificar el cuerpo después de 12 días.

El traslado del cadáver al Cementerio del Este

El 10 de julio de 2019 fue trasladado hasta su última morada en el Cementerio del Este el cadáver del asesinado Capitán de fragata Rafael Acosta Arévalo-

Sus familiares querían darle cristiana sepultura en el camposanto de Maracay, pero la narcodictadura no lo permitió.

TalCual escribió al respecto:

-A las 12:25 del mediodía de este miércoles partió el carro fúnebre de la Medicatura Forense de Bello Monte, con el cadáver del Capitán de Corbeta, Rafael Ramón Acosta Arévalo, para ser trasladado hasta el Cementerio Este, pese a que la familia aspiraba realizar las exequias del militar en la ciudad de Maracay, donde reside la mayor parte de la familia.

Ilustración 14.- Waleswka Pérez

La carroza abandonó el lugar escoltado por una patrulla de la Policía Nacional Bolivariana (PNB), quienes, desde tempranas horas de la mañana, se apostaron en las inmediaciones de la morgue de Bello Monte con equipos antimotines.

El Tribunal 36° en funciones de Control del Área Metropolitana de Caracas autorizó al Ministerio Público para inhumar el cadáver del Capitán de Corbeta Rafael Acosta Arévalo.

Alonso Medina Roa, abogado del Capitán de Corbeta, calificó el procedimiento como "una inhumación controlada por el Tribuna 36 de Control del Área Metropolitana de Caracas", acto que a su juicio "podría interpretarse como una acción de cobardía e irrespeto a la familia del Capitán de Corbeta, y a la sociedad en general", según expresó en su cuenta en Twitter.

Y quien tras ser consultado acerca del resultado de la autopsia, dijo que la experticia médico forense refleja la realidad de lo ocurrido. "Yo lo maté y yo lo entierro. Algo así se puede interpretar de esto".

La fuente digital apuntó luego:

Desde tempranas horas de la mañana de hoy miércoles, funcionarios de la Policía Nacional Bolivariana (PNB), custodiaron la sede de la principal morgue de la ciudad. Más tarde, otro componente del mismo cuerpo policial con equipos antimotines se unió al resto de los uniformados, que se mantuvieron desplegados en la zona durante toda la mañana.

Más temprano, la esposa del Acosta Arévalo, Waleswka Pérez, denunció "el procedimiento ilegal" llevado a cabo por funcionarios de la morgue de Bello

Monte, quienes pretenden realizar "una entrega controlada" del cuerpo del Capitán, "así como lo hicieron con Oscar Pérez", expresó a través de un vídeo en las redes sociales. De igual forma, negó haber realizado alguna solicitud de servicios fúnebres.

"Yo lo maté, yo lo entierro"

El 10 de julio de 2019 Alonso Medina Roa, abogado del fallecido Capitán de Corbeta Rafael Acosta Arévalo, denunció el proceso irregular de "inhumación controlada" que llevó a cabo la morgue de Bello Monte bajo las órdenes del régimen de Nicolás Maduro.

Así lo reportó el portal *Maduradas* (bloqueado por la narcodictadura) agregando:
"El gobierno nos está diciendo 'yo lo maté yo lo entierro', no hay un argumento de fondo, simplemente es una decisión dictada por un tribunal", señaló Medina Roa.

Maduradas explicó a continuación:
-El Tribunal 36° de Caracas autorizó a la Fiscalía para inhumar el cadáver de Acosta Arévalo, que fue identificado posteriormente por sus familiares y abogado para luego ser enterrado en el Cementerio del Este.

El cuerpo no fue entregado a los familiares

El 11 de julio de 2019 el periodista Ángel David Quintero, de *Noticiero Digital*, reportó:

Ilustración 15.- Lápida del lugar donde fueron enterrados arbitrariamente los restos del Capitán de Corbeta Rafael Acosta en el Cementerio del Este

El líder político Henrique Capriles denunció que las autoridades de la administración de Nicolás Maduro no le entregaran el cuerpo del Capitán Acosta Arévalo a sus familiares.

Agregó que "Después de torturarlo y asesinarlo en custodia, el régimen ordena un entierro supervisado" y además "Nunca le entregaron el cuerpo a sus familiares. Acompañemos a la familia del Capitán en sus oraciones por su descanso eterno", pidió

Quintero recordó que la familia del Capitán Acosta Arévalo pudo hacer el reconocimiento del cadáver y seguidamente, por orden del Ministerio Público, el cuerpo fue enterrado en el Cementerio del Este a pesar de la negativa de los familiares.

Sobre ese oprobioso acto ordenado por el fiscal general de la narcodictadura, Tarek William Saab, el diputado José Luis Pirela escribió en su cuenta en Twitter:

-La sepultura del Capitán Acosta sin entregárselo a su familia es el régimen expropiando sus muertos. Un acto de crueldad y señal de odio para seguir intimidando y creando terror. Miserables.

Los familiares tenían planeado darle santa sepultura en Maracay, pero una caravana de la PNB los condujo hasta el camposanto al este de Caracas, donde finalmente se impuso su última morada.

Por su parte, la diputada Delsa Solórzano expresó:

El cuerpo del Capitán Acosta Arévalo fue entregado a sus familiares de manera controlada hoy en la morgue de Bello Monte y luego enterrado en la parcela 12 del Cementerio del Este con el acompañamiento de funcionarios policiales y del Ministerio Público.

En cambio, la líder opositora María Corina Machado calificó de "sadismo puro y maldad absoluta" que el cuerpo de Acosta Arévalo no haya sido entregado a los familiares. También prometió justicia para la familia del hoy occiso.

Además, en su cuenta en Twitter @MariaCorinaYA escribió:

Ilustración 16 Funcionarios bloquean acceso al Cementerio del Este. Foto: Carlos D'Hoy

---

Lo secuestran, Lo torturan hasta la muerte, Esconden su cadáver 12 días, Lo entierran sin que su familia lo reconozca

> *Sadismo puro. La maldad absoluta. El crimen de un oficial, de una familia, de una institución, de una nación. A la familia del Capitán Acosta Arévalo: habrá justicia.*

Todas estas mortuorias de indignación fueron reproducidas en *Noticiero Digital*, que explicó:

Acosta Arévalo falleció el 29 de junio en custodia del DGSIM, según su acta de muerte, por politraumatismos severos causados con un objeto contundente. Dos funcionarios ya fueron detenidos e imputados por este "homicidio concausal preterintencional".

En la misma fecha, también en *Noticiero Digital*, Carlos D´Hoy publicó el reportaje especial titulado

"Qué triste morir de esa manera y que nadie venga a decirte adiós": entierro del Capitán Acosta Arévalo, que por su interés documental se reproduce íntegramente a continuación:

"No bastó que lo detuvieran, que lo desaparecieran, que lo torturaran y que lo asesinaran, no bastó el dolor inhumano que tuvo que padecer el Capitán Rafael Acosta Arévalo, además quisieron que su familia sufriera los horrores de la imposición, de la agresión, del miedo y de la arbitrariedad, no les importó que todos vivieran en Maracay, nada importó. Al final el régimen terminó implementando el guion de terror al que nos tienen acostumbrados y enterraron el cadáver del Capitán dónde les dio la gana".

Ilustración 17.- Salida del cadáver del capital Acosta Arévalo de la Morgue de Bello Monte. Foto: Carlos D'Hoy

A juicio del abogado Alonso Medina Roa, defensor del marino muerto a manos de la Dirección de Contrainteligencia Militar (DGSIM), toda la historia del Capitán Acosta Arévalo es una muestra de los excesos y la arbitrariedad del Estado.

"Prácticamente lo que nos dijeron fue: nosotros lo matamos y nosotros lo enterramos donde nos da la gana, en fin, como actúa un delincuente que asesina y entierra un cuerpo. Así lo hizo el Estado, no una vez sino dos veces. Ya esta historia la vivieron los familiares de Oscar Pérez y su grupo".

Morgue y Cementerio tomados por la PNB

Desde tempranas horas de este miércoles los alrededores de la morgue de Bello Monte habían sido tomados por funcionarios de la Brigada Antimotines y de la Brigada Motorizada de la PNB.

El pronóstico era que, finalmente, se realizaría la entrega del cuerpo, o que los restos serían sepultados.

Las dos opciones estaban sobre la mesa luego de que la Fiscalía 54 que lleva el caso de la muerte del oficial de la Armada, solicitara al Tribunal 36 de Control el permiso para inhumar los restos y recibiera la autorización para realizarlo.

Tanto las avenidas Neverí como Los Anaucos de Bello Monte se encontraban tomadas por funcionarios policiales quienes no solo regulaban el tránsito, sino que impidieron el paso de los equipos de periodistas cuando salió el cortejo fúnebre con destino al cementerio.

En la avenida principal de La Guairita los funcionarios de la Brigada Motorizada instalaron alcabalas donde revisaban los vehículos y si veían alguna cámara detenían al equipo. *"Todo el tiempo que fuese posible para evitar que llegaran hasta el cementerio"*, lo que no hacía falta porque metros *más adelante los policías levantaron una barricada con motos impidiendo el paso de todos los vehículos.*

En la morgue el panorama era diferente al cotidiano. Los trabajadores no se veían, sólo personal de seguridad, quienes en la víspera habían sido instruidos sobre lo que deberían hacer: "cero paso de periodistas, ni ninguna persona que no tuviera un deudo en las instalaciones".

Vigilantes en todas las entradas y "personal de limpieza" que se encargó de echarle agua a las ventanas durante más de una hora.

Una señora intentó entrar debido a que tenía que realizar un trámite en el registro civil de la morgue, y la respuesta de los funcionarios fue: vuelva mañana.

"Como si uno tiene tanto dinero y tiempo para perderlo a cada rato para venir acá", dijo la señora quien luego aseguró que se quedaría hasta ver si podía resolver en la tarde su diligencia. "No pienso perder el tiempo".

No solo te secuestran vivo y te matan, además secuestran tu cadáver

La diputada Delsa Solórzano acudió hasta la morgue donde expresó que todos tienen derecho a despedirse de sus familiares. "No puede ser que el gobierno pretenda quitarles ese derecho a los familiares del Capitán, son motivos religiosos, de amor, eso está mucho más allá de cualquier concepción política, y no eso respetan".

"Este régimen tiene cosas muy malas, no solo te secuestran, te desaparecen, te torturan y te asesinan, además

secuestran tu cadáver, someten a tu familia a dolores innecesarios y se dicen humanistas: le prohíben a tu familia llorar".

Recordó que días atrás intentó ir a la DGSIM a solicitar información sobre el resto de los detenidos y no me permitieron ingresar, lo mismo les pasó a representantes de la Alta Comisionada de Derechos Humanos, a quienes tampoco les permitieron el acceso.

12 días en una cava

Tras permanecer 12 días en una cava refrigerada y precintada, a la una de la tarde de este miércoles 10 de julio los restos del Capitán Rafael Acosta Arévalo fueron sepultados en el cementerio del Este, en la tumba número 212-I-266-C, a pocos metros de la tumba de Oscar Pérez.

A pesar de que la familia quería que el cuerpo fuese sepultado en la ciudad donde vive toda la familia, en Maracay, estado Aragua, la decisión del Estado era diferente: El lugar donde sería enterrado era en Caracas.

Medina Roa expresó su malestar por el trato que recibieron de parte de los funcionarios del Servicio Nacional de Medicina y Ciencias Forenses (SENAMECF); dijo que permitieron que un familiar, en este caso María Carmen Arévalo, tía del oficial, pasara a identificar los restos del marino muerto.

La familia fue silenciosa, no emitieron ni una opinión, ni una expresión. Tres mujeres mayores de edad pasaron a las oficinas de la morgue con su cabeza baja, con el signo del pesar sobre sus hombros, con el dolor en sus pasos. Una más joven quedó afuera, evidentemente molesta poco habló con los periodistas que estaban en la zona. Hizo una crítica, pero dejó de conversar. Al final, cuando sus tías se retiraron, ella se fue abrazando a una de ellas.

Ilustración 18.- *Familiares del Capitán Acosta Arévalo dejan la Morgue. Foto: Carlos D'Hoy*

Por debajo de la mesa

La muerte del Capitán, a pesar del golpe que representó para la opinión pública en contra del gobierno, no contó con la presencia de seguidores, no hubo banderas, ni cantos, no hubo himnos, ni marchas, no hubo protesta, ni un uniformado se acercó al cementerio para extender el pésame.

Al final, un vecino de La Guairita, al ser consultado sobre la que estaba sucediendo, se animó a decir: "qué triste morir de esa manera y que nadie venga a decirte adiós, que no se levante ni una bandera, que no se llore una lágrima en el cementerio, que triste cuando la muerte de un héroe pasa debajo de la mesa, eso dice todo de muchos opositores que piden guerra y no son capaces de darle un abrazo de solidaridad a la madre de otro héroe que muere".

Similitudes entre entierros de Acosta Arévalo y Oscar Pérez

El 10 de julio de 2019 Jhoan Meléndez, del portal *Noticiero Digital*, reportó:

-El periodista Javier Mayorca destacó las similitudes de los entierros del inspector del CICPC, Oscar Pérez, y el Capitán Rafael Acosta Arévalo tras el sepulcro de este último el día de hoy.

Meléndez añadió:

Sobre el método compulsivo en el entierro de los restos del Capitán de Corbeta Rafael Acosta Arévalo: El artículo 11 de la Ley para la Regulación y el Control de la Prestación del Servicio Funerario y de Cementerios dice que "la velación o cremación inmediata" procede en ciertos casos los cuales son: riesgo de descomposición, peligro de infección, contagio por la naturaleza de la enfermedad que originó el fallecimiento o por otra circunstancia relacionada con la salubridad pública", describe Mayorca a través de Twitter.

En el siguiente segmentó explicó:

-El experto en criminalística continuó: "Luego de 12 días, el "riesgo de descomposición" del cadáver era elevado; El retardo en la entrega del cadáver fue propiciado por el régimen, que invocaba la necesidad de hacer experticias y trámites, y así justificaría la ausencia de velatorio y la inhumación en cofre sellado. Esto fue lo mismo que hicieron en el caso del IJ CICPC Oscar Pérez. En el caso del Capitán Acosta Arévalo, los familiares solo pudieron apreciar el estado del rostro, no de todo el cuerpo. "Cuando lo vimos, ya estaba vestido", dijo una de las personas que participó en el trámite. Luego, cerraron el ataúd y lo llevaron al camposanto".

Acosta Arévalo fue sepultado la tarde de hoy en el Cementerio del Este por funcionarios de la Policía Nacional Bolivariana.

Cuerpo del Capitán Rafael Acosta Arévalo fue sepultado en la parcela 12 del Cementerio del Este

cicune.org

Tamara Sujú ante la OEA

El viernes 12 de julio de 2019 la defensora de los derechos humanos Tamara Sujú hizo públicas varias de las torturas a las que fue sometido el Capitán de Corbeta Rafael Acosta Arévalo los días previos a su muerte.

Así lo reseñó *TalCual*, agregando:

-Durante su participación en la conferencia *Crímenes Internacionales en Venezuela*, la directora del Instituto Casla afirmó que "al Capitán Acosta y varios de los detenidos en su causa se los llevaron a un lugar boscoso en las afueras de Caracas, donde los colgaron desnudos con los brazos atados en la espalda de un árbol, con los ojos cubiertos por un cartón. La escena parece extraída de una película de horror, donde varios seres humanos estaban colgados uno detrás de otros en distintos arboles gritando y escuchando cómo gritaban sus compañeros".

Aseguró Sujú que todos fueron golpeados en áreas como la cabeza, las costillas, el abdomen, el tórax, los codos, las rodillas y los pies.

La información coincide con lo dicho en días pasados por el director de actuación procesal del Ministerio Público en el exilio, Zair Mundaray, quien filtró hallazgos médicos según los cuales Acosta Arévalo tenía 16 costillas fracturadas, el tabique nasal y un pie fracturados, excoriaciones en hombros, codos y rodillas, hematomas en los abductores, lesiones similares a latigazos en la espalda, y signos de pequeñas quemaduras en ambos pies, que se presumen de electrocución.

También explicó:

-La madrugada del 29 de junio se conoció la muerte del Capitán de Corbeta, en un hospital militar, luego de ser presentado ante Tribunales con signos de tortura y pidiendo auxilio, según dijo en aquel momento su abogado Alonso Medina Roa. El Capitán estaba bajo custodia de la DGSIM desde su captura ocurrida una semana antes.

El defensor de Acosta aseguró que el hombre llegó casi muerto a su audiencia de presentación, estaba en una silla de rueda y ni siquiera podía hablar bien…el hombre llegó "moribundo" al juzgado.

Sujú reiteró que este es uno de los tantos casos de torturas de los que se señala como responsables a los cuerpos de seguridad del gobierno de Nicolás Maduro y aseguró que todo esto es parte de la "represión sistemática y la comisión de crímenes de lesa humanidad" por parte del Estado venezolano.

La activista en derechos humanos citó otros casos como el del exmilitar Modesto Díaz, de quien dijo le negaron la atención médica en los calabozos de El Helicoide y posteriormente murió; o la muerte del concejal de Primero Justicia Fernando Albán, de quien el Gobierno asegura se lanzó del piso 10 de la sede del Servicio Bolivariano de Inteligencia Nacional (SEBIN) en Plaza Venezuela, mientras que su familia y sus abogados acusan un asesinato.

-La versión de que "fue lanzado" al vacío {reveló- fue ratificada por el exdirector del SEBIN Manuel Cristopher Figuera en entrevista con *El País*, de España.

Subrayó que en la actualidad "llevamos dos casos donde las víctimas han dejado de respirar por minutos debido a las torturas, y han sido sometidos a la reanimación cardiopulmonar ahí mismo en el lugar donde los estaban torturando, para luego seguir" e indicó que "También llevamos numerosos casos donde las víctimas han sido asfixiadas con bolsas plásticas y gases tóxicos, que se han desvanecido en varias oportunidades durante los interrogatorios" y que en el país existen aún cientos de presos políticos y torturados, quienes "pudieran ser hoy víctimas de las asesinadas por las torturas".

En rueda de prensa acompañada por el secretario general de la OEA Luis Almagro, la directora del Instituto Casla dijo que durante 2019 se han implementado nuevos patrones de torturas, y se han levantado registros de casos "donde también las víctimas han sido colgados de los árboles de esta manera, a los que han golpeado de la forma antes descrita, pero también los han golpeado, cortándolos con bisturí en los pies en las piernas y en los brazos, le han echado aceite y le han prendido fuego alrededor, les han puesto electricidad en las axilas a través de alambre y han jugados con ellos a la ruleta rusa".

Señaló también que en el primer semestre de ese han registrado 72 nuevas víctimas directas de torturas, a lo que se le han añadido delitos como "la desaparición forzada, la detención arbitraria y la violencia sexual".

Detalló luego los nuevos patrones de tortura puestos en práctica por la narcodictadura:

-La utilización de una cava de refrigeración para congelar a las víctimas, causándole asfixia, dolores musculares o desvanecimiento.

El uso de ácidos o sustancias desconocidas que inyectan a las víctimas o se le suministran por las heridas sangrantes,

La torcedura de extremidades hasta dislocarlas.

La violencia sexual de pisarle los testículos o darles punta pie hasta hacerlos desmayar.

Tratar de violarlos con un palo y luego metérselos en la boca.

El confinamiento en celdas totalmente negras, amarrados y encapuchados por días y días haciendo que coman como animales en el piso y haciendo sus necesidades encima.

Sujú, directora ejecutiva del Casla Institute, apunto igualmente que "La violencia sexual está presente en el 100% de los casos de 2019", y refirió que existe un reporte de 27 intentos de violación, 28 casos de actos lascivos y un caso de violación.

El 12 de julio de 2019 el portal *TVVenezuela Noticias* reprodujo dos textos que fueron publicados por ella en su cuenta en Twitter.
r por la activista venezolana en derechos humanos, la abogada Tamara Sujú, director ejecutivo del CASLA Institute.

En uno denunció:

-.@TAMARA_SUJU: Tenemos casos donde los cubanos están involucrados directamente en los casos de torturas, los privados de libertad sufren violencia sexual de hasta pisarles los testículos y violarlos con un pelo para luego metérselo en la boca.

En otro reveló:

-@TAMARA_SUJU: Al Capitán Rafael Acosta se lo llevaron a un lugar boscoso en las afueras de Caracas, lo colgaron desnudo con las manos atadas en un árbol con los ojos vendados con un cartón.

El ascenso a un oficial torturador

Ilustración 19 Coronel Hannover Guerrero Mijares DGSIM

El 21 de agosto de 2020 Fran Tovar del portal *Costa del Sol* de Güiria, Estado Sucre, con información publicada por la periodista Sebastiana Barráez en *INFOBAE*, dio cuenta del ascenso del coronel Hannover Esteban Guerrero Mijares, acusado de violador de los derechos humanos, torturas y muertes en la Dirección General de Contrainteligencia Militar, donde durante el asesinato del Capitán de Corbeta Rafael Acosta Arévalo ocupaba un rol clave en la estructura represiva de ese ominoso organismo. Estaba al frente de uno de los centros clandestinos de ese siniestro órgano represivo de la narcodictadura.

Con el número de Resolución 037274 del 18 de agosto de 2020, el ministro de la Defensa GJ Vladimir Padrino López, por disposición de Nicolás Maduro Moros, lo designó como Segundo comandante y jefe del Estado Mayor de lo que fue la prestigiosa y reconocida 35 Brigada de Policía Militar "Libertador José de San Martín", con sede en el Fuerte Tiuna.

Contra él pesan graves denuncias de numerosos familiares y presos como responsable de la ejecución de la violación de derechos humanos, torturas y muertos mientras fue jefe de Investigaciones en la Dirección General de Contrainteligencia Militar (DGSIM).

Según el texto de Sebastiana Barráez publicado en *Costa del Sol*, "Sólo con encubrimiento ha logrado mantenerse en la Fuerza Armada. Un general confiesa que "siendo teniente, Guerrero Hannover ingresó a la habitación de las soldados femeninas e intentó propasarse, pero ellas reaccionaron y lo sacaron a golpes del dormitorio. Eso ocurrió en el 351 Batallón José Miguel Lanza. El entonces comandante, de apellido Segovia, lo perdonó para evitar el escándalo. Solo por esa acción ese teniente debió ser severamente castigado

El 27 de septiembre de 2019 fue sancionado por el Departamento del Tesoro de Estados Unidos, a raíz del asesinato del Capitán de Corbeta Rafael Acosta Arévalo, cuando se desempeñaba como director de Investigaciones de la DGSIM.

Egresó de la Academia Militar en 1996, como integrante de la promoción General de Brigada José Florencio Gómez.

Este ascenso no debe sorprender, si se toma en cuenta que la narcodictadura premia a sus torturadores y violadores de los derechos humanos, letra muerta en la Constitución chavista.

En otro reportaje, publicado en *La Gran Aldea* y *Panam Post* la periodista y especialista en la fuente militar, Sebastiana Barráez, acusó al coronel Hannover Guerrero de ser el responsable de lo que ocurre en los sótanos del DGSIM donde se llevan a cabo la mayoría de las torturas.

Barráez añadió que hay una estructura "para juzgar, sentenciar, torturar y obviar las denuncias que sufren los militares y civiles dentro de la DGSIM y dentro del SEBIN.

Aseveró que Hannover Guerrero es el encargado de dar las ordenes en el DGSIM y que incluso "hay 3 áreas de torturas muy cerquita precisamente a donde está el coronel".

Igualmente reveló que la estructura del régimen incluye a los funcionarios, torturadores, cubanos, militares venezolanos, defensores militares, fiscales militares, jueces militares y médicos forenses "quienes firman los informes médicos, donde ocultan las torturas".

La repulsa de Fabiana Rosales

Ilustración 20.- Fabiana Rosales

El 11 de julio de 2019, según una Nota de Prensa publicada por el portal *Su Noticiero*, Fabiana Rosales, primera dama de Venezuela, expresó repudio por la inhumación controla de los restos del Capitán de navío Rafael Acosta Arévalo, víctima de las horripilantes torturas que recibió en la Dirección General de Contrainteligencia Militar, donde se encontraba bajo resguardo del Estado, luego de haberse producido su desaparición forzosa.

Rosales rechazó la sepultura controlada que llevaron a cabo funcionarios del régimen y calificó el hecho como ilegal,

-Vimos con repudio expresó- como de forma ilegal, como acostumbra a actuar la usurpación, inhumaron de forma controlada los restos del Capitán de Fragata, Rafael Acosta Arévalo".

Asimismo, consideró la inhumación controlada "como un secuestro por parte de la usurpación al tiempo que señaló que las pruebas ratifican al régimen como responsables del asesinato por torturas".

La primera dama agregó:

-El acta de defunción revela que falleció por politraumatismos por objetos contundentes, desde la usurpación acabaron con su vida y es por ello por lo que la familia militar debe reaccionar ante este vil hecho que enluta sus filas.

De igual modo afirmó que "desde el Gobierno legítimo trabajan por una Venezuela en la que impere la justicia" y advirtió que mientras continúe la usurpación habrá más familias separadas".

-La familia Arévalo –precisó- perdió a un miembro valioso. Mientras ellos secuestren el poder se seguirán separando familias, se seguirán enlutando corazones.

La anterior Nota de Prensa emitida por el Centro de Comunicación Nacional fue publicada, entre otros medios digitales, por el portal *Su Noticiero*.

La reacción de la cancillería británica

El 2 de julio de 2019 el periodista Jesús A. Herrera S., de *Noticiero Digital*, reportó:

-La Cancillería británica reaccionó este martes a la muerte del Capitán Rafael Acosta Arévalo, oficial de la Armada venezolana, que falleció bajo custodia en la DGSIM el pasado 29 de junio

El reporte añadió:

-En un comunicado emitido en el portal oficial del Ministerio de Asuntos Exteriores del Reino Unido, un portavoz declaró que "son profundamente preocupantes las denuncias de que Rafael Acosta fue violentamente torturado mientras se encontraba bajo custodia.

Herrera indicó igualmente:

-En ese marco, también señala que la muerte del oficial es un "recordatorio oportuno" sobre la "brutalidad del régimen de Nicolás Maduro".

"Debemos ver un cambio en Venezuela", señala la misiva.

Rafael Acosta Arévalo fue un oficial de la Armada que murió, presuntamente, con la vinculación de dos funcionarios de la GNB que estaban adscritos a la DGSIM.

Dichos efectivos ya fueron imputados por el Ministerio Público bajo el delito de "homicidio concausal preterintencional", dejándose de lado las acusaciones hechas por su abogado, Alonso Medina Roa, de que el castrense fue víctima de torturas.

La opinión de la fiscal general en el exilio

El 3 de julio 2019, el periodista Ángel David Quintero, de *Noticiero Digital*, emitió el reporte que sigue:

La fiscal general en el exilio Luisa Ortega Díaz denunció que el Ministerio Público no está llevando una investigación transparente en el caso de la muerte del Capitán Acosta Arévalo.

"Lo más grave que está ocurriendo en Venezuela es que ya no es posible que haya una investigación transparente. Hay muchas cosas ocultas", indicó durante una entrevista con Sergio Novelli.

Luisa Ortega Díaz agregó:

En el caso de Acosta Arévalo hubo un procedimiento previo irregular. Hay un programa escatológico los miércoles en la noche en el canal del estado donde se lanzó lo que se le estaba haciendo al Capitán. No son las autoridades competentes las que anuncian las detenciones sino los políticos porque responden a razones políticas las detenciones…

Ahora supuestamente detienen a dos personas que son los supuestos responsables, pero anoche oía que estas personas parece que no existen, que es algo que estamos investigando. Además, los presentan y los imputan por delitos que nada tienen que ver con los hechos ocurridos.

Luego explicó:

-Hubo un homicidio, pero la víctima pierde la vida porque fue torturado y ese delito de la tortura priva sobre lo demás y entonces hacen ver que se trata de un delito común y no un delito de DDHH, para que la opinión internacional no califique al Gobierno como violador de los DDHH…

Además, "a los detenidos se les acusa de homicidio no intencional, sin embargo, este es un delito que ocurre, por ejemplo, cuando una persona golpea a otra sin intención de matar y el agredido fallece, no cuando se recurre a la tortura y la víctima muere".

El negado examen forense

El 1 de julio de 2019, según informó *El Periódico del Delta*, de Tucupita, la viuda de la víctima, Waleswka Pérez, pidió inútilmente a los funcionarios del régimen la entrega del cadáver el cadáver de su esposo para que un grupo independiente de la ONU efectuara un examen forense independiente a los fines de determinar las causas de la muerte.

Antes había denunciado que su marido sufrió torturas en la semana que estuvo detenido y un juez ordenó su traslado a un centro asistencial en el complejo militar de Fuerte Tiuna en Caracas cuando el uniformado llegó al juzgado en silla de ruedas, pocas horas antes de fallecer.

La fuente añadió que "La Unión Europea pidió también… una investigación independiente en torno a la muerte del Capitán, sumándose a decenas de países en América que integran el Grupo de Lima", que repudiaron "las continuas prácticas de detenciones arbitrarias y torturas" contra opositores en el país sudamericano.

En su cuenta en Twitter la viuda de Acosta Arévalo también expresó:

- "Exijo justicia" ….

Y repitió; "Solicito respaldo y apoyo internacional para realizar un examen forense independiente de la ONU para determinar la causa de la muerte del padre de mis hijos".

Según el abogado de la familia, Alonso Medina Roa, citado por la fuente deltana, "No hay duda alguna que fue víctima de torturas por parte de los organismos de inteligencia durante su detención", agregado "que el oficial alarmó al juez cuando llegó al tribunal en silla de ruedas, sin ninguna capacidad motora y con muchos moretones".

Al momento de su detención el 21 de junio, el oficial corrió para intentar escaparse, según el acta policial que leyó su abogado. El domingo en la noche dos funcionarios de la Dirección de Inteligencia Militar, DGSIM, que mantuvieron bajo custodia al Capitán, habrían sido presentados ante un tribunal, acusados del homicidio de Acosta, según apuntó el abogado Medina Roa consideró igualmente, "que al no culpar por torturas a los funcionarios que lo custodiaban se busca evitar que sus superiores tengan alguna responsabilidad en estos hechos".

Por otro lado, "El Ministerio de Información y la Fiscalía no respondieron de inmediato a una solicitud de Reuters para confirmar las detenciones".

El régimen lo asesinó

El 29 de junio de 2019, según reportó el diario peruano *El Comercio*, con información de Reuters, su viuda Waleska Pérez, en su cuenta en Twitter, envió un mensaje a los militares en el cual acusó al régimen del asesinato de Acosta Arévalo. "Mis hijos quedaron huérfanos de padre", explicó, añadiendo: "Vean este ejemplo para que se miren en el espejo y vean que no vale la pena".

A continuación, el reportaje completo de *El Comercio*:

-Caracas. La esposa y una activista de derechos humanos denunciaron el sábado en redes sociales la muerte de un militar en Venezuela, recientemente detenido por estar supuestamente involucrado en un intento de golpe de Estado contra Nicolás Maduro.

Waleswka Pérez, esposa del Capitán de Corbeta de la Armada, Rafael Acosta Arévalo, denunció que su marido fue llevado a un tribunal y luego que fue visto por la juez se ordenó su traslado a un centro asistencial en el Fuerte Tiuna, un vasto complejo donde también está la sede del Ministerio de Defensa, en Caracas.

Luis Almagro condena el "criminal asesinato" de militar Rafael Acosta Arévalo en Venezuela. Denuncian que militar detenido fue torturado hasta morir

Él (Rafael Acosta Arévalo) fue un hombre luchador, apegado a la Constitución. Lamentablemente no estuvo de acuerdo con lo que hacía el régimen y por eso lo mataron. Vean este ejemplo para que se miren en el espejo y vean que no vale la pena. Se tienen que unir para conseguir la libertad. Todo se está escapando de las manos. Mis hijos quedaron huertanos de padre y perdí mi esposo", comentó.

"Ayer (viernes) lo presentaron, estaba sumamente golpeado, en sillas de ruedas, ni podía hablar, no se valía por sí mismo y lo torturaron mucho, tanto que lo torturaron, que lo mataron", dijo Pérez en una entrevista con EVtvmiami divulgada en la red social Instagram.

El Capitán estaba detenido desde el 21 de junio cuando iba a una reunión, dijo su esposa en un video divulgado en las redes sociales

El fiscal general, Tarek Saab, y el ministro de Información, Jorge Rodríguez, señalaron esta semana a Acosta como parte de un grupo de militares y policías activos y retirados que fueron detenidos por estar involucrados en un intento de levantamiento militar contra Maduro.

La abogada venezolana defensora de los derechos humanos y directora ejecutiva de Casla Institute, Tamara Sujú, dijo que el Capitán llegó al juzgado con evidentes signos de tortura al tribunal.

"No hablaba, solo pedía AUXILIO a su abogado. No entendía ni escuchaba bien", escribió Sujo en su tuit en el que colgó una foto del militar en su uniforme antes de ser detenido.

La activista agregó que el Capitán fue capturado por funcionarios de la Dirección de Contrainteligencia Militar (DGSIM).

Juan Guaidó, que se proclamó como presidente interino en enero, tras señalar de ilegítima la reelección de Maduro en mayo del 2018, dijo que habrá justicia por el caso de Acosta.

> *"Dictadura asesina, criminal y torturadora: esto no se quedará así. Hombres y mujeres de la FAN, saben lo que tienen que hacer para salvar a la patria y a la institución militar: expulsar invasores cubanos y defender constitución"*, escribió Guaidó en un tuit

El ministerio de Comunicación e Información no respondió a una solicitud de comentarios sobre los reportes del fallecimiento del militar.

Asesinado a golpes

Ilustración 21.- Ediam Lagonel, a la izquierda, y Pedro Luis Pérez Silen, a su lado. Ambos recibieron ascensos por torturadores al servicio de la narcodictadura (Foto Infobae)

El 4 de julio de 2019 Víctor de Abreu, del diario español ABC, en el reportaje titulado "**Agentes de la inteligencia de Maduro mataron a golpes al Capitán Acosta**", identificó, respaldado en fuentes militares próximas al caso quiénes acabaron con su vida y cómo.

Así escribió:

-El Capitán de Corbeta venezolano Rafael Acosta Arévalo murió mientras era torturado por miembros de la Inteligencia chavista que actuaban con pleno conocimiento de Nicolás Maduro. La autopsia realizada al cadáver del militar reveló que la causa de su muerte fue "un edema cerebral severo debido a la insuficiencia respiratoria aguda producida por la rabdomiólisis por politraumatismo generalizado" (la

rabdomiólisis es un síntoma que presentan las víctimas de terremotos, bombardeos y derrumbes de edificio), y "tiene entre sus causas el aplastamiento", según explicó la abogada de derechos humanos, Rocío San Miguel.

El corresponsal de ABC continuó:

-Todo apunta a que Acosta Arévalo recibió una brutal paliza que le provocó la muerte. Los hallazgos médicos filtrados por el director de actuación procesal del Ministerio Público en el exilio, **Zair Mundaray***, evidencian que el Capitán de Corbeta tenía fracturadas "dieciséis costillas, el tabique nasal y un pie; excoriaciones en hombros, codos y rodillas; hematomas en los abductores, lesiones similares a latigazos en la espalda y signos de pequeñas quemaduras en ambos pies, que se presumen de electrocución". Todos estos tratos crueles e inhumanos le fueron aplicados mientras estaba bajo custodia de la Dirección General de Contrainteligencia Militar (DGSIM).*

Luego explicó:

-Fuentes militares conocedoras del caso revelaron a ABC que el mayor Alexander Gramko Arteaga, director de Asuntos Especiales del DGSIM, "es el ejecutor de las operaciones de tortura y procedimientos especiales" y que bajo su mando se realizan las "desapariciones forzadas y ejecuciones contra los militares enemigos del régimen". Según esta fuente, en Gramko recayó la orden de torturar que acabó con la vida del Capitán el pasado sábado por orden de Maduro. "La dirección de asuntos especiales no hace nada sin que Nicolás Maduro lo autorice, fue creada para hacer trabajos única y específicamente

para el presidente". Codo con codo con Gramko, el jefe de contrainteligencia de la Guardia de Honor, Asdrúbal Brito Hernández (ascendido recientemente a número uno por Maduro), también participó en las torturas.

El entonces mayor Alexander Gramko Arteaga, pero desde julio de 2020 coronel, porque en la narcodictadura premia a sus torturadores, según la información manejada por de Abreu tiene además a su cargo centros clandestinos llamados "casas seguras" para torturar y hacer desaparecer a la disidencia del régimen.

La fuente confidencial citó una casa cerca de la plaza de Chacao, en San Bernardino "es una base", otra en Fuerte Sorocaima en La Mariposa y subiendo hacia terrazas del Ávila, cerca de la sede del DGSIM en Boleíta en Caracas.

En el reportaje se lee también:

-La triste historia de Acosta comenzó el 21 de junio cuando funcionarios del DGSIM y del SEBIN se llevaron detenidos a siete personas, entre militares y policías, activos y en retiro. Los cuerpos de inteligencia del Estado habían detenido a dos coroneles retirados, un general de brigada de la Aviación, un Capitán de Corbeta de la Armada (Rafael Acosta Arévalo), un teniente coronel del Ejército y dos comisarios retirados del Cuerpo de Investigaciones Científicas, Penales y Criminalísticas (CICPC). Tras seis días en paradero desconocido, el fiscal general, Tarek William Saab, acusó a tres de ellos -incluido el

Capitán Acosta- de incurrir en "los delitos de terrorismo, conspiración y traición a la patria". La versión del Gobierno presupone que los inculpados estaban preparando un golpe de Estado que "incluía la muerte de Maduro y Diosdado Cabello".

> *Fue una desaparición forzosa no citada por el fiscal general de la narcodictadura, ya que de no serlo debieron haber sido presentado ante los tribunales competentes dentro de las 48 horas después de la detención*

Las fuentes militares no identificadas revelaron además que Acosta Arévalo "murió por no saber más" y contaron "que desde el inicio todo fue cruel porque había funcionarios retirados que no representaban ninguna amenaza.

Además, agregó que fue el coronel Pedro Luis Pérez Silén, encargado del destacamento de Guatire, el infiltrado del Gobierno en las reuniones que se estaban llevando a cabo con los siete militares. Pérez Silén fue quien grabó la reunión y se la dio al régimen para ganar su confianza y sus favores. "Los torturaron tanto porque los detenidos no sabían nada. Lo que habían hablado ya estaba grabado en el vídeo", explican estos militares al tiempo que aseguran que los otros seis funcionarios también están en estado crítico y que aparecerán cuando ya se hayan recuperado físicamente. "Aquí en Venezuela el que tiene poder es el que demuestra ser el malo, el más inhumano, el verdugo y Gramko se muestra como el más malo".

El martes 25 de junio de 2019 el portal *CubaNet* que se produce en Miami, Estados Unidos, tituló su reporte en Venezuela así:

Maduro asciende a los encargados de la represión en la Guardia Nacional

Y en el sumario señaló.

-Al menos 13 oficiales fueron ascendidos a coronel la pasada semana, algunos de ellos efectivos claves del chavismo en la represión

Éste fue el despacho:

-MIAMI, Estados Unidos. - Pues bien, en Venezuela lo que funciona a favor del régimen es ascender a los represores civiles, darles poder, para que ellos siembren el terror y se infiltren incluso en las células militares del país. Bajo las órdenes del dictador Nicolás Maduro, la pasada semana fueron ascendidos a coronel varios militares, encargados habitualmente de reprimir a los manifestantes contra el chavismo.

RESUELVE

ÚNICO: **ASCENDER** al Grado de **CORONEL** en la categoría **EFECTIVO DE COMANDO**, con antigüedad del **05 de julio de 2019**, a los TENIENTES CORONELES de la Guardia Nacional Bolivariana, que se indican a continuación:

1.	ASDRUBAL JOSÉ BRITO HERNÁNDEZ	12.251.274.
2.	ROBERTO ALEXANDER GIL UGAS	11.969.825.
3.	JUAN LEONARDO YUSTI PÉREZ	11.414.010.
4.	PEDRO LUIS PÉREZ SILEN	12.117.539.
5.	RUBÉN DARÍO SANTIAGO SERVIGNA	12.221.568.
6.	EDIAM GABRIEL LAGONELL HERNÁNDEZ	11.899.974.
7.	RITO ABELARDO RIVAS LAZABALLETT	12.228.952.
8.	CARLOS AUGUSTO CHIRINO ZARRAGA	12.178.680.
9.	ANTONIO RAMÓN CASADIEGO PINEDA	12.766.158.
10.	RAMÓN ANTONIO CRUELLS MARTÍNEZ	12.160.763.
11.	ROBERTO CARLOS SANTELIZ BASTIDAS	12.528.958.
12.	LUIS GUILLERMO MARÍN MELÉNDEZ	13.024.633.
13.	OSCAR ENRIQUE PACHECO MONTILLA	12.040.625.

Ilustración 22.- Resolución de Ascenso a Oficiales Torturadores

De acuerdo a un texto publicado este martes por INFOBAE, uno de los ascensos habría sido clave para capturar a un grupo de militares, durante la visita de Michelle Bachelet a Caracas, supuestamente acusados de pertenecer a un movimiento conspirativo contra el gobierno.

Hasta el momento se conocen solo cinco nombres de los detenidos: por la Aviación, el general de brigada Miguel Sisco Mora y los coroneles Miguel

Castillo Cedeño y Francisco Torres Escalona; por el Ejército, el teniente coronel Pedro Caraballo Lira; y por la Marina, el Capitán de Corbeta Rafael Acosta.

CubaNet apuntó a continuación:

-El recién nombrado coronel (GNB) Pedro Luis Pérez Silen, comandante del Destacamento de la Guardia Nacional en El Rodeo, convocó a los oficiales a una reunión. Al término de esta una comisión de la Dirección General de Contrainteligencia Militar (DGSIM) los detuvo. Pero Pérez Silen sigue libre, lo que confirma su participación en el operativo.

De acuerdo con una imagen publicado por INFOBAE, al menos 13 oficiales fueron ascendidos a coronel la pasada semana, algunos de ellos efectivos claves del chavismo en la represión.

Pérez Silen fue ascendido de número 4 de orden a coronel el martes 18 de junio. Su compañero, Rubén Darío Santiago Sevigna, ex director de la policía de tránsito de la Policía Nacional también fue ascendido ese día al mismo rango. Sevigna, quien ascendió de número 5 a coronel, responde a la línea del MG Néstor Reverol, con quien trabaja desde que era Capitán.

También forma parte del grupo de compañeros de Pérez Silen el recién ascendido a coronel, en el segundo lugar de mérito, Juan Leonardo Yusti Pérez, quien comanda el Destacamento de la GNB de Santa

Elena de Uairén, y otro de los pupilos de Reverol, con quien trabaja desde que el ministro estaba al frente de la Oficina Nacional Antidrogas (ONA).

Ediam Gabriel Lagonell Hernández es el número 6 de los ascendidos a coronel, y viene de comandar el destacamento móvil de Orden Público de la GNB, institución que lo consideran un símbolo de la represión. Aunque Lagonell Hernández es el jefe del Comando de la GNB en Guri, es llamado a Caracas cada vez que hay manifestaciones para comandar las operaciones de orden público, pues es pieza clave de la represión en Caracas, aunque poco conocido porque casi siempre usa pasamontañas durante las operaciones.

Entretanto, el que ascendió de número uno es Asdrúbal José Brito Hernández, quien trabaja en la Dirección General de Contrainteligencia Militar y, además, es director de Contrainteligencia en la Guardia de Honor Presidencial.

A esos ascensos también se refirió el portal venezolano *Caraota Digital*. Tituló así su reporte:

Cazó a los militares, los llevó a prisión y el régimen lo premió

Luego precisó:

—Las manifestaciones contra el régimen, habitualmente son atacadas con violencia por distintos efectivos venezolanos promovidos.

Asimismo, Michelle Bachelet no había abandonado el territorio venezolano, cuando los cuerpos de inteligencia del régimen de Nicolás Maduro estaban capturando a varios militares de distintos componentes de la Fuerza Armada Nacional Bolivariana, señalándolos de estar en un "movimiento de conspiración".

Y alguien tenía que hacer el trabajo y ser premiado, Pedro Luis Pérez Silen correspondió a este llamado.

La narcodictadura convirtió las fuerzas armadas en siniestra herramienta del terror,

> *tanto en lo interno de éstas como en la población. Los ascensos se producen no por orden de mérito sino por los antivalores de delación, traición y crueldad hacia los prisioneros mediante torturas horribles que producen la muerte de las víctimas con el manto de la impunidad de los órganos judiciales, todos al servicio del régimen*

Ese indigno militar fue ascendido de número 4 de orden a coronel el martes 18 de junio. Justamente tres días después realizó la reunión que llevó a la detención de los cinco militares que estaban "conspirando".

Pérez Silen y su cargo están en libertad. Todo indica que fue la pieza clave para cazar a los oficiales detenidos por el régimen y se llevó su premio.

Caraota Digital explicó al final del texto:

—Por ende, su compinche también fue ascendido ese día, Rubén Darío Santiago Sevigna, exdirector de la policía de tránsito de la Policía Nacional, quien le quema en la cara la Ley de Amnistía a unos manifestantes el 4 de mayo.

Ese oficial, quien ascendió de número 5 a coronel, responde a la línea del MG Néstor Reverol, con quien trabaja desde que era Capitán.

De la misma manera, es parte del grupo de compinches de Pérez Silen, en el segundo lugar de mérito, Juan Leonardo Yusti Pérez, quien comanda el Destacamento de la GNB de Santa Elena de Uairén.

¡Todo lo que hacen por cualquier puesto!

Sobre la traición de Pérez Silen y el consiguiente ascenso, un texto publicado en la Web por la Operación Saturno, titulado "TRAIDOR A LA PATRIA", escrito en letras mayúsculas para darle mayor fuerza, indicó:

—ESTE DEGENERADO TRAIDOR A LA PATRIA CONVOCÓ A LOS OFICIALES DE LA FUERZA AÉREA A UNA REUNIÓN EN GUATIRE, SU NOMBRE ES PEDRO LUIS PÉREZ SILEN, LA MISIÓN ORDENADA POR

LOS ESBIRROS CUBANOS Y RUSOS ERA INDUCIR A LOS OFICIALES DE LA FUERZA AÉREA PARA UNA TRAMPA DONDE FUERON CAPTURADOS POR TORTURADORES DEL RÉGIMEN DIRIGIDOS POR UN AGENTE RUSO Y UN CUBANO, AL CAPTURAR A LOS MILITARES LOS LLEVARON SECUESTRADOS A UNA BASE CLANDESTINA DE TORTURAS QUE TIENEN UBICADA EN EL SECTOR DE LA MARIPOSA, AHÍ HAN SIDO VEJADOS Y TORTURADOS BRUTALMENTE, A TAL PUNTO QUE UNO DE LOS OFICIALES ESTÁ SUMAMENTE MAL HERIDO Y POR ESO NO PUDIERON LLEVARLO A LA SEDE DEL DGSIM EN BOLEITA, ESTÁN MATANDO A NUESTROS OFICIALES LEALES A LA PATRIA, COMO ES POSIBLE QUE DENTRO DE LA FUERZA ARMADA NACIONAL SEA PERMITIDA ESTA PRACTICA ABOMINABLE, SE TORTURA A NUESTROS MILITARES POR PARTE DE AGENTES RUSOS Y CUBANOS, FUERZA ARMADA NACIONAL...DESPIERTA!!!

EL PREMIO DEL TRAIDOR FUÉ INCLUIRLO EN LA LISTA DE ASCENSOS A CORONEL NOSOTROS LO INCLUIMOS EN LA LISTA DE TRAIDORES A LA PATRIA

> ***Waleswka Pérez*** *temía por la integridad de su esposo, Acosta. Un día antes de su muerte dijo que fue presentado en Tribunales al que llegó en silla de ruedas mostrando graves signos de tortura. "No hablaba solo pedía auxilio a su abogado", dijo Pérez. "Lo torturaron mucho. Tanto que lo torturaron, que lo mataron"*

¿Quiénes fueron los responsables del asesinato, mediante salvajes torturas, de Acosta Acevedo, con una hoja de servicio en las Fuerzas Armadas que no tenían ni tendrán sus verdugos por estar teñidas de sangre inocente de sus propios compañeros de armas?

En la Web, dándole la vuelta al mundo, están escritos sus ignominiosos nombres en letra indeleble, además de los del teniente y el sargento de la Guardia NAZIonal, cuyo honor no se divisa desde que se implantó el socialismo del siglo XXI.

Es una lista larga, tenebrosa, encabezada por el policamburista mayor general Iván Hernández Dala, director de la Dirección General de Contrainteligencia Militar DGSIM y, al mismo tiempo, jefe de la guardia de honor presidencial.

Según el periódico español *ABC* la DGSIM es el órgano represor más brutal de todo el país, asesorado por torturadores cubanos. Hernández Dala cumple instrucciones directas del narcodictador Nicolás Maduro. Su siniestro historial incluye sanciones de organismos internacionales como violador de los derechos humanos.

El coronel Hannover Guerrero, responsable de la sede del DGSIM en Boleíta (Caracas), es también ejecutor de torturas y de falsificar los expedientes contra los detenidos en sus instalaciones.

Luseph Barrios Olivares, jefe de la unidad especial, es el encargado de la casa de tortura ubicada en La Mariposa y Rafael Franco Quintero, jefe de inteligencia militar, quien ha sido señalado por la abogada y activista en derechos humanos venezolana, Tamara Sujú, de ser cómplice "de los peores crímenes de lesa humanidad, entre ellos la tortura y violencia sexual a detenidos.

A los dos últimos torturadores Tamara Sujú ha añadido a Rafael Blanco Marrero, Néstor Blanco Hurtado y Abel Angola García todos acusados ante la Corte Penal Internacional de La Haya por crímenes de lesa humanidad que no prescriben.

Sobre ese abominable asesinato el presidente interino de la República, Juan Guaidó, escribió en su cuenta en Twitter:

-No hay palabras para definir este abominable hecho. Familia militar no están solos, habrá justicia. Dictadura asesina, criminal y torturadora esto no quedará así. Con la muerte del Capitán Acosta suman ya cuatro los presos políticos asesinados bajo la custodia de Maduro: el concejal de Caracas, Fernando Albán; el piloto de la aviación civil venezolana, Rodolfo González y el concejal, Carlos Andrés García.

Morir ante un juez

Ilustración 23.- Amnistía Internacional

Así tituló Ramón Peña el artículo publicado en el portal *La Patilla* el 6 de septiembre de 2020, con el siguiente epígrafe: "Puedes matar tantos hombres como quieras, pero no podrás matar nunca a tu sucesor". De Séneca a Nerón.

En él su autor se refirió al examen del expediente penal de 550 folios instruido contra los dos guardias nacionales imputados por la muerte del Capitán de Corbeta Rafael Acosta Arévalo.

Chivos expiatorios, en todo caso, porque el juez de la causa hizo la imputación apoyada en el Código Penal y no en la Ley Contra la Tortura y Tratos Crueles Degradante, como correspondía por tratarse de un delito de lesa humanidad.

Por esa vía legal, el juez salvó de enjuiciamiento a la cadena de mando, que comprende en ese el ministro de la Defensa, el director de la Dirección General de Contrainteligencia Militar y los jefes inmediatos de los dos criminales acusados.

Peña formuló las siguientes preguntas:

- ¿Será que el usurpador y los militares que lo sostienen aspiran a maquillar ante la opinión internacional su expediente de tortura y muerte mediante el "indulto" a unos 40 presos y decenas de perseguidos? ¿O que se desvanezca la memoria de la ejecución de Oscar Pérez y sus compañeros, la defenestración de Fernando Albán, el baleado a muerte de decenas de jóvenes que protestaban en las calles en 2014 y 2017, los centenares de ejecuciones extrajudiciales denunciadas por la Alta Comisionada de Derechos Humanos de la ONU…?

Tras lo cual señaló:

-Esta semana, la directora de Amnistía Internacional para las Américas, luego del examen del expediente penal de 550 páginas contra dos guardias nacionales imputados por la muerte del Capitán de

Corbeta Rafael Acosta Arévalo, declaró que, contrario a la versión oficial de la fiscalía general y el Ministerio de la Defensa, éste no falleció en un hospital militar luego de recibir atención médica. Detalla en su declaración que, apresado y desaparecido desde hacía más de siete días, el oficial fue presentado ante un juez en estado agonizante, producto de más de 50 lesiones corporales que comprometieron sus pulmones y causaron un edema cerebral severo y, allí, en el propio juzgado, expiró.

Ilustración 24.- Prisionero del DGSIM

Luego aseguró:

-La dictadura, a medida que transcurren los años, amparada en la impunidad de un sistema de justicia subordinado, derriba sistemáticamente cualquier límite ético que se interponga en su praxis de abuso, humillación y crueldad. Son discípulos de Chávez quien les instruyó con insistencia que la revolución no tenía adversarios, sino enemigos merecedores de ninguna consideración.

Martirizar a muerte a un ciudadano es bestial. Hacerlo en nombre de una "revolución", sembradora de atraso y miseria, es el horror.

La autopsia controlada por el régimen reveló fractura del tabique nasal, excoriaciones en hombros, codos y rodillas, 16 costillas fracturadas, ocho de cada lado, excoriaciones y signos de quemaduras en ambos pies, un pie fracturado, signos de latigazos en espalda y muslos y hematomas en muslos.

Dos días antes *El Nacional,* publicó un reportaje sobre el informe de Amnistía Internacional que tituló

"Asesinato del Capitán Rafael Acosta Arévalo: los hallazgos que demuestran la mortífera

represión del régimen de Maduro"

Ilustración 25.- Prisionero del DGSIM

Luego de lo cual aseveró que en el referido informe de Amnistía Internacional hay nuevos hallazgos sobre el caso que ponen en duda la versión oficial de los hechos y demuestran la mortífera política de represión del gobierno de Nicolás Maduro para silenciar a la disidencia.

Y documentó:

-Acosta Arévalo era un Capitán retirado de la Marina venezolana que desapareció en la localidad de Guatire en el Estado de Miranda el 21 de junio de 2019. Amnistía Internacional obtuvo 550 páginas del expediente penal contra dos funcionarios de la Guardia Nacional Bolivariana (GNB) adscritos a la Dirección General de Contrainteligencia Militar (DGSIM) acusados de participar en su muerte.

Después observó:

"Contrario a lo que muestra la investigación penal por parte de la justicia venezolana, Acosta Arévalo no falleció en un hospital. Fue desparecido, torturado y murió ante un juez. Sobre estos hechos no se ha hecho justicia", dijo Erika Guevara Rosas, directora para las Américas de Amnistía Internacional.

Indicó a continuación:

La información pública disponible indica que Acosta Arévalo fue víctima de desaparición forzada desde el 21 de junio, hasta el 26 de junio, fecha en que las autoridades venezolanas anunciaron su detención. Según un oficio del expediente, los funcionarios de la DGSIM le habrían llevado a un hospital el 28 de junio, pero horas después fue presentado, mientras agonizaba, ante un tribunal militar para imputarle cargos a pesar de su condición de retiro de las Fuerzas Armadas.

El informe demostró que Acosta Arévalo falleció el 28 de junio de 2019 en la sala donde se llevaría a cabo la audiencia de presentación, sin recibir atención médica en los momentos previos a su muerte, evidencia que contradice la versión oficial de las autoridades venezolanas, quienes difundieron que la víctima había muerto en el Hospital Militar Vicente Salias después de haber recibido atención médica.

Además, señaló en un comunicado que ha recibido múltiples denuncias de detenciones arbitrarias y períodos iniciales de incomunicación, así como la existencia de centros de detención clandestinos que pertenecen al Servicio Bolivariano de Inteligencia Nacional (SEBIN) y a la DGSIM.

En el caso específico de Acosta Arévalo, refirió que, a pesar de haber poca información sobre su paradero en los días previos a la muerte, uno de los imputados adscrito a la DGSIM- declaró que le trasladaron desde Guatire a un sótano.

Del mismo modo el informe de AI precisó que los dos detenidos sostuvieron versiones diferentes de los hechos.

-Las actas de investigación –advirtió también- no vinculan la actuación de los condenados a la muerte de la víctima y, además, se les imputa un cargo que insinúa que la muerte de Acosta Arévalo fue causada accidentalmente, haciendo a un lado que la misma fue consecuencia de múltiples y serias lesiones que comprometieron sus pulmones al punto de provocar un edema cerebral severo.

La vocera de Amnistía Internacional, Erika Guevara Rosas, explicó:

-En las 550 páginas del expediente a las que Amnistía Internacional tuvo acceso no se menciona la palabra tortura ni una sola vez, a pesar de que constan múltiples documentos que refieren a las más de 50 lesiones corporales de la víctima y a su precario estado de salud al llegar ante el tribunal militar que le imputaría cargos, siete días después de que su familia denunciara su desaparición y dos días después que las autoridades admitieran que había sido detenido.

El cardenal Porras pidió a Bachelet tomar acciones

El 2 de julio de 2019, Jhoan Meléndez, del portal Noticiero Digital, reportó:

-El cardenal Baltazar Porras también se pronunció entorno a la muerte del Capitán Rafael Acosta Arévalo dentro de las instalaciones de la DGSIM.

"Imposible callar ante la muerte bajo tortura a jóvenes ciudadanos venezolanos y las violaciones a sus derechos humanos.

Y agregó:

El país está consternado porque vemos a funcionarios del Estado que actúan impunemente", escribió Porras vía Twitter además de pedir a la alta comisionada de DDHH de la ONU, Michelle Bachelet, que tome cartas en el asunto.

Por el hecho fueron imputados dos funcionarios de la Dirección General de Contrainteligencia Militar.

cicune.org

Los responsables del asesinato

Fuentes militares conocedoras del caso, no identificadas por razones obvias, consultadas al respecto por el diario español ABC señalaron al entonces mayor Alexander Gramko Arteaga, director de Asuntos Especiales de la DGSIM, como el ejecutor de las operaciones de tortura y procedimientos especiales.

Según esa fuente, bajo su mando se realizan las "desapariciones forzadas y ejecuciones contra los militares enemigos del régimen", y sobre él recayó la orden de torturar que acabó con la vida de Rafael Acosta Arévalo.

Ese departamento no hace nada sin que Nicolás Maduro lo autorice y fue creada para hacer trabajos única y específicamente para éste.

También esa fuente confidencial identificó a Asdrúbal Brito Hernández, jefe de Contra Inteligencia de la Guardia de Honor de la presidencia de la República, como participante en las torturas que provocaron la muerte del oficial de la Marina,

El reportaje de ABC señaló igualmente que Gramko Arteaga tiene a su cargo centros clandestinos de detención llamados "casas seguras" para torturar y hacer desaparecer a los opositores del régimen.

La narcodictadura de Nicolás Maduro premia a sus torturadores con ascensos. El 3 de julio de 2020 Gramko Arteaga fue ascendido al grado de coronel. Este criminal es responsable del asesinato a mansalva, ante la mirada estupefacta de la teleaudiencia mundial y redes sociales, en enero de 2018, del inspector del Cuerpo de Investigaciones Científicas, Penales y Criminalísticas, Óscar Pérez. Desde esa fecha trágica para Venezuela y el mundo sus ascensos han sido meteóricos

---

"Acosta Arévalo murió por no saber más", dijeron los informantes a *ABC*. El mayor general Iván Hernández Dala, director del DGSIM y jefe de la guardia de honor presidencial, es el principal responsable de llevar a cabo las torturas contra disidentes. Dirige el órgano represor más brutal de Venezuela y cumple con las órdenes directas de Maduro.

Otro torturador de ese siniestro órgano militar es el coronel Hannover Guerrero, responsable de la sede de la DGSIM en Boleíta, quien además de torturar se encarga de falsificar los expedientes contra los detenidos en sus instalaciones.

Asimismo, violan los derechos humanos de los detenidos bajo su custodia Luseph Barrios Olivares, encargado de la casa de tortura ubicada en La Mariposa y Rafael Franco Quintero, jefe de inteligencia militar, acusado por la abogada y activista en tales derechos Tamara Sujú de ser cómplice "de los peores crímenes de lesa humanidad, entre ellos la tortura y violencia sexual a detenidos".

Sujú, directora del Casla Institute, aseguró que los oficiales de ese órgano represivo de la narcodictadura se encargan de arrestar a cualquier sospechoso de disidencia.

También recordó que la tortura tiene cadena de mando, tal como quedó plasmado en el informe presentado ante la ONU por la Alta Comisionada Michelle Bachelet, donde aparecen como responsables de delitos de lesa humanidad Nicolás Maduro, los ministros Vladimir Padrino López, Defensa, y Néstor Reverol, Interior y Justicia, al igual que los directores de los cuerpos represivos civiles y militares y los respectivos jefes de unidades.

Juan Guaidó, presidente interino del país, expresó sobre ese crimen que "No hay palabras para describir este abominable hecho" y añadió: "Hemos establecido contacto inmediato con la familia y la comisión de la ONU en Venezuela. He girado instrucciones a embajadores y al equipo internacional para elevar la denuncia a Gobiernos y especialmente a la Alta Comisionada de la ONU para los derechos humanos, Michelle Bachelet".

Un emotivo homenaje

El 5 de julio de 2019 el portal *La Patilla* reportó el homenaje que en memoria de Acosta Arévalo publicó en un video de su cuenta en Twitter Waleska Pérez de Acosta, viuda de éste.

En ese documento, publicado por diversos medios digitales, la homenajeante expresó a viva voz: "Un Comando NO ABANDONA jamás a otro Comando!!! AMADO ESPOSO… TUS PROFESORES, TUS COMPAÑEROS, tus subalternos, personal administrativo y todos los que te conocieron, en tu vida militar. Condenan y Apoyan ESTA LUCHA PARA EXIGIR".

Esa fue la voz de una mujer venezolana, quien a pesar de las crueldades desatadas sobre ella y su entorno familiar, se mantiene firme en la defensa de los ideales democráticos que defendió hasta la muerte su marido, digno ejemplo del militar venezolano que prefirió morir antes que rendirse a los esbirros del narcodictador Nicolás Maduro, a quien espera la Corte Penal Internacional para que pague con sus compinche los crímenes de lesa humanidad que he revestido de un manto de impune, pero que para desgracia de él, de Padrino López, Néstor Reverol, Remigio Ceballos y un largo etcétera no prescriben.

El esclarecedor informe de Amnistía Internacional

El 4 de septiembre de 2020 *TalCual* reportó la aparición de un informe elaborado por la ONG Amnistía Internacional desmintiendo la versión oficial sobre el asesinato del Capitán de Corbeta Rafael Acosta Arévalo y exigiendo la realización de una investigación imparcial e independiente a cargo de una autoridad civil –y no militar- para esclarecer si la víctima fue llevada a un centro de detención clandestina de la Dirección de Contrainteligencia Militar y sometido a tortura hasta producir su muerte

TalCual añadió que la referida ONG publicó en un nuevo informe nuevos hallazgos sobre su asesinato, que ponen en duda la versión oficial de los hechos "y demuestran la mortífera política de represión del gobierno de Nicolás Maduro para silenciar a la disidencia.

Los datos manejados por Amnistía Internacional fueron tomados del expediente de 550 folios instruido a los dos efectivos de la Guardia NAZIonal adscritos a la DGSIM acusados de ser los autores materiales del asesinato.

. -Contrario a lo que muestra la investigación penal por parte de la justicia venezolana, -precisó Erika Guevara Rosas, directora para las Américas de AI- Rafael Acosta Arévalo no falleció en un hospital. Fue desaparecido, torturado y murió ante un juez. Sobre estos hechos no se ha hecho justicia

En otra parte del informe se señala que "la información pública disponible indica que Rafael Acosta Arévalo fue víctima de desaparición forzada desde el 21 hasta el 26 de junio, fecha en que las autoridades venezolanas anunciaron su detención" e indica que "Según un oficio del expediente, los funcionarios de la DGSIM le habrían llevado a un hospital el 28 de junio, pero horas después fue presentado, mientras agonizaba, ante un tribunal militar para imputarle cargos a pesar de su condición de retirado".

El reporte de *TalCual* precisó igualmente:

-Amnistía Internacional encontró que Rafael Acosta Arévalo falleció el 28 de junio de 2019 en la sala donde se llevaría a cabo la audiencia de presentación, sin recibir atención médica en los momentos previos a su muerte. Esta evidencia contradice la versión oficial de las autoridades venezolanas, quienes difundieron que la víctima había muerto en el Hospital Militar Vicente Salias después de haber recibido atención médica mencionó el informe.

Amnistía también ha recibido múltiples denuncias de detenciones arbitrarias y períodos iniciales de incomunicación, así como la existencia de centros de detención clandestinos que pertenecen al

Servicio Bolivariano de Inteligencia Nacional (SEBIN) y a la DGSIM.

Además, acotó:

-En este caso, a pesar de haber poca información sobre el paradero de Acosta Arévalo en los días previos a su muerte, uno de los imputados en el caso -adscrito a la DGSIM- declaró que le trasladaron desde Guatire a un "sótano".

Más adelante informó:

Otros hallazgos de la investigación apuntan a que los imputados -y posteriormente condenados- por el caso de Rafael Acosta Arévalo sostuvieron versiones contradictorias de los hechos. Las actas de investigación no vinculan la actuación de los condenados a la muerte de la víctima y, además, se les imputa un cargo que insinúa que la muerte de Acosta Arévalo fue causada accidentalmente, haciendo a un lado que la misma fue consecuencia de múltiples y serias lesiones que comprometieron sus pulmones al punto de provocar un edema cerebral severo.

Guevara Rosas declaró igualmente:

-En las 550 páginas del expediente a las que Amnistía Internacional tuvo acceso no se menciona la palabra tortura ni una sola vez, a pesar de que constan múltiples documentos que refieren a las más de 50 lesiones corporales de la víctima y a su precario estado de salud al llegar ante el tribunal militar que le imputaría cargos, siete días después de que su familia denunciara su desaparición y dos días después que las autoridades admitieran que había sido detenido.

Asimismo, explicó:

-La Alta Comisionada de las Naciones Unidas para los Derechos Humanos, Michelle Bachelet, dijo en julio de 2020 que: "En (16) casos documentados se hacía referencia a fuertes palizas con tablas, asfixia con bolsas de plástico y productos químicos, inmersión de la cabeza del detenido bajo el agua, descargas eléctricas en los párpados y violencia sexual en forma de descargas eléctricas en los genitales. Las personas detenidas también estuvieron expuestas a bajas temperaturas y/o luz eléctrica constante, esposadas y/o con los ojos vendados durante largos períodos y sometidas a amenazas de muerte contra ellas y sus familiares."

En su informe Amnistía Internacional sostuvo también que los cientos de casos como el de Rafael Acosta Arévalo deben ser investigados por un mecanismo internacional independiente que garantice justicia, verdad y reparación para las víctimas de violaciones a derechos humanos y crímenes de derecho internacional, ante la imposibilidad que esto ocurre ante la justicia venezolana.

Erika Guevara Rosas, en la nota de prensa enviada a los medios, entre ellos *TalCual,* precisó:

-La nueva evidencia da cuenta de la poca confianza que existe en el sistema de justicia venezolano para alcanzar la verdad, la justicia y la reparación a las víctimas de violaciones a derechos humanos. El caso de Rafael Acosta Arévalo ejemplifica la necesidad que los mecanismos internacionales asuman el liderazgo en la búsqueda de verdad, justicia y reparación de las víctimas de los crímenes de derecho internacional y violaciones de derechos humanos en Venezuela. Es imprescindible el apoyo de la comunidad internacional para fortalecer y preservar el funcionamiento de la Misión de Determinación de los Hechos.

"La burla y la impunidad me han llevado a la desesperación"

El 2 de julio de 2020, *TalCual* publicó, con información de una entrevista realizada por Milagros Socorro para el portal *La Gran Aldea* la declaración donde Waleswka Pérez de Acosta confió que la burla y la impunidad la han llevado a la desesperación.

Y al recordar que en 2006 su marido pidió la baja de la Armada porque no estaba de acuerdo con lo que estaba sucediendo, expresó:

-Yo sé que nada me lo va a devolver, pero es muy importante para mí que se haga justicia. La burla, la impunidad, me han llevado a la desesperación.

La entrevistada reveló igualmente que enfrenta secuelas traumáticas por los detalles que ha ido conociendo y la falta de justicia ante la muerte de su pareja, quien perdiera la vida mientras se encontraba bajo custodia de la Dirección General de Contrainteligencia Militar (DGSIM).

-A veces pienso –expresó- que a nadie le importa lo que estamos padeciendo los venezolanos.

Durante la entrevista realizada por la periodista Milagros Socorro la viuda de Acosta Arévalo aseguró sentirse peor a un año de la muerte de su esposo que durante aquel 29 de junio de 2019.

-He envejecido mucho (…) afirmó- He perdido peso y sé que no tengo brillo en los ojos. No puedo sonreír, no me sale. Casi no duermo. Me levanto de la cama a medianoche y camino sin hacer ruido, para no despertar a mis hijos ni causarles más traumas.

En esa entrevista comentó también que no deja de pensar en las penurias que vivió su esposo durante la ola de torturas aplicadas por los funcionarios de la DGSIM. "Vienen a mi mente –explicó-. las escenas más pavorosas (…) Alguien tiene las fotos de mi esposo siendo martirizado. Trato de no pensar en eso, pero no puedo".

Lo llevaron a una casa de torturas que tiene la dictadura en Miranda, lo desnudaron y lo colgaron de un árbol; le disparaban cerca de los oídos para reventarle los tímpanos; le pusieron una carpeta con tirro alrededor de los ojos; lo golpearon con tablas en todo el cuerpo; lo metían en un cuarto helado y le echaban agua helada; le daban latigazos; le ponían bolsas en la cabeza; le metían la cabeza en tobos; le hicieron cortaduras en las plantas de los pies; le metieron electricidad en los testículos,… Participaban muchos, me dijeron, porque el método de ellos es no dejar descansar a la víctima. Cuando quedaba inconsciente, lo reanimaban.

Más adelante le comentó a Milagros Socorro que se encontraban residenciados en Colombia y decidió viajar a Venezuela "para renovar los pasaportes y hacer otras diligencias" cuando fue detenido, sin orden judicial, en Guatire, Estado Miranda.

Él no tenía miedo. Decía que todos nacemos para morir. De hecho, mientras estuvo activo, le explotó una granada en la pierna y tuvo un accidente de buceo en la Base Naval de Turiamo, de donde lo sacaron inconsciente en helicóptero. Estaba acostumbrado al peligro. Y, de seguro, jamás pensó que un compañero podría traicionarlo

En este sentido, la viuda de Arévalo aseguró que "un amigo cercano" lo vendió para congraciarse con el régimen y "obtener quién sabe qué".

Y al preguntarle si ella estaba al tanto de las actividades conspirativas en las que Acosta Arévalo podría haber estado involucrado, ella asegura que jamás oyó nada que le hiciera pensar en eso.

"De todas formas, -indicó- después de su asesinato, yo me aislé porque no quería perjudicar a nadie".

Asimismo, le manifestó a la periodista su preocupación por las secuelas que la muerte del Capitán dejó en su familia.

-Mi hijo –acotó- está muy afectado. Perdió interés en los deportes, bajó las calificaciones escolares. Ya tiene 13 años. Me resulta imposible impedir que vea en Internet los detalles del secuestro y muerte de su padre. Hace poco me dijo que había soñado con su papá. Que lo tenían amarrado en una silla y lo estaban electrocutando; que, aunque tenía la boca tapada, se oían sus gritos".

De igual modo reveló que sus suegros se deprimieron muchísimo y que a sus padres los han estado intimidando.

-Mi hijo pequeño –se lee en la entrevista- pregunta mucho por su papá. Pregunta que, si su papá no le ha enviado un mensaje de voz, 'porque él se llevó su teléfono'. Rezo para que nunca se le olvide la cara de su papá, la voz".

Una fiscalía cómplice

Antes de ser designado fiscal general de la República por la ilegítima Asamblea Nacional Constituyente Tarek William Saab, fue jefe de la Oficina de Derechos Humanos del Concejo Municipal de Caracas entre 1993 y 1998.

El dedo sangriento del teniente coronel (R) lo hizo congresista, miembro de la ilegítima Asamblea Nacional Constituyente, gobernador de su estado natal, Anzoátegui, y defensor del pueblo.

Se graduó como abogado en la Universidad Santa María, de Caracas.

Es llamado por los castro-chavista "Poeta de la Revolución"

El 3 de julio de 2019, en un texto publicado en *TalCual*, la periodista Luisa Quintero se preguntó:

¿Fiscalía oculta y evade responsabilidades por tortura en caso Acosta Arévalo?

Luego señaló:

-La tortura involucra dentro de las acusaciones penales a toda la cadena de mando, pues este tipo de delito no genera solo responsabilidades individuales.

Y en seguida advirtió:

-La muerte del Capitán de Corbeta Rafael Acosta Arévalo trajo muchas interrogantes sobre cómo operan los cuerpos de seguridad y el sistema de justicia venezolano.

Desaparecido durante siete días, presentación ante un tribunal militar fuera de los rangos que establece la ley y su deceso tras denuncias de tortura son algunos de los puntos que rodean el caso Acosta Arévalo, y sobre los que la Asamblea Nacional, abogados, activistas de derechos humanos y la Alta Comisionada de Naciones Unidas para los DDHH han hecho énfasis.

Un día después de la muerte del militar activo de la Armada, el fiscal impuesto por la asamblea constituyente, Tarek William Saab, anunció que ya se habían iniciado las investigaciones.

Para el lunes 1° de julio, se conoció que un teniente y un sargento segundo de la Guardia Nacional y adscritos a la Dirección General de Contrainteligencia Militar (DGSIM) fueron acusados por un solo delito: homicidio preterintencional concausal.

Ese lunes, la Alta Comisionada de la ONU advertía que en el caso de Acosta Arévalo se habían configurado los presuntos delitos de desaparición forzada y torturas, además del asesinato intencional, y lamentó que no se hayan incluido dentro de los cargos a imputar.

Y es que según las denuncias hechas por la defensa del Capitán de Corbeta y sus familiares, el viernes 28 de junio al ser presentado ante tribunales militares, Acosta Arévalo llegó en silla de ruedas, no podía articular palabras y tenía evidentes signos de tortura.

Después formuló otra pregunta: ¿Qué imputa Fiscalía? Y adicionó:

-El abogado y exdirector de actuaciones procesales del Ministerio Público, Zair Mundaray, explica que este tipo de homicidio que calificó el Tribunal 36 de Control se aplica cuando alegan que el dolo, es decir, lo que el sujeto activo quiere es "lesionar, dañar o causar sufrimiento, pero no matar".

"La consecuencia se pena a título de homicidio porque excede lo que quería el sujeto al cometer esa acción, por eso es preterintencional: antes de la intención. Se entiende que la muerte es consecuencia directa de lo que el sujeto hace, pero no es como el homicidio intencional", dice Mundaray.

El abogado además refiere que los fiscales actuantes y al propio Saab, a quienes califica como "delincuentes y descarados", agregan la concausa que es "una condición patológica y médica que tiene la víctima y lo que ocasiona la muerte y además debe ser desconocida para el sujeto activo".

Un ejemplo de ello es lo que ocurriría con una persona hemofílica. "Si usted lo corta, eso le ocasiona una hemorragia que por su propia patología no se puede frenar, pero la cortada por sí misma no era mortal".

Por otro lado, la activista de derechos humanos y coordinadora de Laboratorio de Paz, Lexys Rendón, señaló que con este tipo de imputación se exculpa a los presuntos torturadores, "diciendo que no tenían intención de matarlo, sino que después de la tortura y maltratos fue una precondición o un imprevisto lo que lo mató, revictimizándolo, casi culpándolo de su propia muerte. Es inaceptable".

Rendón aseguró además que "Exculpar a torturadores, diciendo que no tenían intención de matarlo, sino que después de la tortura y maltratos fue una precondición o un imprevisto lo que lo mató, revictimizándolo, casi culpándolo de su propia muerte es inaceptable. Su familia, el país merece respeto y Justicia.

Restricciones en la Fiscalía

El 9 de julio de 2019 *El Pitazo* reportó:
Caracas.
- Personal de seguridad del Ministerio Público impidió que los familiares del Capitán Rafael Acosta Arévalo pudieran ingresar este martes 9 de julio a la sede de la Fiscalía 34 Nacional, donde exigirían nuevamente la entrega del cadáver del oficial.

La fuente explicó:

La denuncia fue hecha por el abogado de la familia, Alonso Medina Roa, quien señaló que el cuerpo aún permanece en la Morgue de Bello Monte desde el sábado 29 de junio.

"Personal de Seguridad del Ministerio Público, NO les permite el acceso a familiares del Capitán Rafael Acosta Arévalo a la sede de la Fiscalía 34 Nacional, en donde acudirían una vez más, para solicitar la entrega del cuerpo, el cual aún permanece en la Morgue de Bello Monte", escribió a través de su cuenta en Twitter.

Los familiares desconocen porque no se ha entregado el cadáver.

El Pitazo añadió:

Acosta Arévalo, quien permanecía detenido en la DGSIM, fue presentado ante un tribunal militar el pasado 28 de junio. Su abogado, Alonso Medina Roa, afirmó en ese momento que no se podía levantar y pedía ayuda. La jueza ordenó llevarlo a un hospital, donde falleció a la 1:00 am del 29 de junio.

De acuerdo con el informe forense, el cuerpo presentaba 16 arcos costales fracturados. Fractura de tabique nasal, excoriaciones en hombros, codos y rodillas, hematomas en la cara interna de los muslos y en ambas extremidades.

Seis meses después

Al cumplirse el 29 de diciembre de 2019 el primer semestre de su asesinato. *TalCual* tituló el reportaje para recordar esa trágica fecha de la historia política del país:

"A seis meses de la muerte de Acosta Arévalo, la justicia sigue ausente"

Luego registró en el resumen:

-Los abogados del militar y la opinión pública en general aseguran que la condena a dos funcionarios de la DGSIM implicados en el caso solo busca tapar la violación a lo establecido en la Ley Contra la Tortura

Después en el cuerpo de la noticia escribió:

-Este domingo 29 de diciembre se cumplieron seis meses del asesinato del Capitán de Corbeta Rafael Acosta Arévalo, quien fuese torturado por régimen de Nicolás Maduro, mientras se encontraba detenido por organismos de seguridad del Estado.

Acosta Arévalo fue apresado el pasado 22 de junio por efectivos de la Dirección General de Contrainteligencia Militar (DGSIM) y del Servicio Bolivariano de Inteligencia Nacional (SEBIN) por presuntamente encontrarse involucrado en un atentado contra gobernante venezolano que habría de llevarse a cabo dos días después.

Días más tarde, Arévalo fue presentado en el tribunal militar tercero de control donde, de acuerdo con sus abogados llegó en silla de ruedas ya que no podía sostenerse en pie debido a los intensos dolores, con el cuerpo repleto de escoriaciones, las uñas con restos de sangre y los ojos morados.

TalCual explicó a continuación que *"Debido a la delicada condición, la jueza del caso ordenó trasladarlo a un pequeño hospital del Fuerte Tiuna, donde falleció horas después".*

Sobre el sitio de su muerte, la ONG Amnistía Internacional aseguró en un informe divulgado en los primeros días de septiembre que no fue el llamado hospitalito de Fuerte Tiuna, según la versión oficial, sino el despacho de la jueza

En otra parte se lee:

-A varios meses de su muerte, el gobierno de Nicolás Maduro todavía no ha informado sobre las causas que motivaron el deceso.

El pasado 24 de septiembre, el abogado y defensor de los derechos humanos Alonso Medina Roa anunció que dos funcionarios de la Dirección Nacional de Contrainteligencia Militar (DGSIM) vinculados con la muerte del Capitán de Acosta Arévalo fueron condenados.

A través de sus redes sociales, el abogado explicó que en medio de una audiencia preliminar de la que no fue notificada la defensa de la víctima, el Tribunal 36 de Control del Área Metropolitana de Caracas decidió condenar a seis años y ocho meses de prisión al teniente Ascanio Antonio Tarascio y el sargento segundo Estiben José Zarate, ambos de la Guardia Nacional y adscritos a la DGSIM.

Roa, quien es el abogado del fallecido, reiteró que con esta decisión la administración de Nicolás Maduro dio al traste con lo establecido en la Ley Contra la Tortura.

TalCual señaló asimismo que "Organizaciones sociales como el Programa Venezolano de Educación Acción en Derechos Humanos (PROVEA), aseguraron que la condena contra los implicados en la muerte del Capitán de Corbeta Rafael

Acosta Arévalo, ocurrida por torturas infligidas dentro de la sede de la DGSIM, "es insuficiente y alienta la tortura" en el país.

Y añadió:

-En un comunicado, la organización no gubernamental destacó que la sentencia no establece responsabilidades directas relacionadas a la tortura y tratos crueles que sufrió Acosta Arévalo luego de su detención el 21 de junio por parte de funcionarios de la DGSIM, tras ser acusado de estar implicado en un supuesto golpe de Estado.

"Con esta decisión, el gobierno de facto intenta escapar de la responsabilidad absoluta en otro asesinado por tortura (…) Es una sentencia que estimula el uso de la tortura por parte de organismos policiales y militares. Reafirma además que en Venezuela se creó una estructura institucional para favorecer el abuso de poder, las violaciones a los derechos humanos y la impunidad".

Un año después

El 28 de junio de 2020 *TalCual* tituló:

"Se cumple un año del vil asesinato del C/F Rafael Acosta Arévalo a manos de la dictadura de Nicolás Maduro"

Después reveló:

-Este domingo se cumple un año del asesinato del Capitán de fragata Rafael Acosta Arévalo, quien fue detenido por las fuerzas de represión de la dictadura de Nicolás Maduro y torturado hasta la muerte.

Su esposa Waleswka Pérez recordó este trágico acontecimiento a través de su cuenta de Twitter. Hace un año fuiste asesinado salvajemente, por el narco-régimen.
Exijo la condena de toda la estructura CRIMINAL responsable de tu asesinato. En tu nombre y el de tus hijos.

En un comunicado difundido por el Centro de Comunicación Nacional de la presidencia interina de Juan Guaidó, su viuda, Waleswka Pérez de Arévalo, escribió:

Por tal motivo el despacho del presidente interino Juan Guardó, quien lo ascendió post mortem a Capitán de fragata, emitió el siguiente comunicado difundido a través del Centro de Comunicación Nacional:

El viernes 21 de junio 2019. A las 4 pm aproximadamente fue SECUESTRADO, por una comisión del DGSIM (Dirección General de Contrainteligencia Militar). En un Centro Comercial del estado Miranda, encapuchados y portando armas largas, información de testigos, nuestro último contacto telefónico fue ese mismo día a las 2:00 pm. RAFAEL RAMÓN AGOSTA ARÉVALO, Padre de mis hijos, Íntegro, correcto, excelente ser humano, con una carrera militar intachable siempre apegado a la Constitución y a su juramento militar de proteger y hacer respetar las leyes, con una hoja de vida excelente, Dan testimonio sus amigos, profesores, compañeros de armas, subalternos, su currículo, siempre en los primeros puestos de curso y Promoción.

Pasaron 5 días de su secuestro y desaparición forzada, días de angustia sin saber dónde lo tenían o si estaba vivo; el 26 de Junio, Jorge Rodríguez Ministro de la dictadura, en cadena nacional con videos vinculando a mi esposo, acusándolo de magnicidio, terrorismo, atentados y un montón de falsas acusaciones, ese día la Dictadura admitió que lo tenían SECUESTRADO, en la noche, con tono de BURLA, Diosdado Cabello, en su programa, con fotos y mapa jerárquico, 'Todos están detenidos a buen resguardo declarando'. Lo que no dijiste Cabello, era que lo estaban MATANDO.

¿Acaso declarar es TORTURAR? ¿Es que BUEN Resguardo es ASESINAR?, para ese entonces, exigí ante la Comisión Interamericana de los Derechos Humanos (CIDH), y la Organización de las Naciones Unidas (ONU), Michelle

Bachelet, la Corte Penal Internacional y países que la conforman, el respeto a su vida e integridad física NO fue suficiente un pronunciamiento o manifestar una preocupación por lo que estaba pasando, TORTURA Y DESAPARICIÓN FORZADA, Crímenes de Losa Humanidad, Crímenes que no prescriben.

Fue hasta el viernes 28 de junio, 120 horas después de su secuestro, incumpliendo con el Debido Proceso, y la Dictadura decide celebrar la audiencia de presentación ante un tribunal militar en el Fuerte Muna, a las 9:30 de la noche, el Abg. Alonso Medina Roa, nos informó que era increíble el estado de tortura, en silla de ruedas, no podía hablar, y en plena audiencia convulsionó.

El juez se vio obligado a ordenar que lo trasladarán a un hospital, pospuso la audiencia y lo llevaron a enfermería, un ambulatorio, ni siquiera era un hospital acorde los signos de tortura, para salvado, donde nos informan que falleció a la 1 am, REALMENTE, no sabemos si esa fue la hora, pero lo supimos a las 10:00 am del día siguiente, lo MATARON, siendo inocente, sin que se cumpliera el debido proceso y Violando el Principio de Presunción de Inocencia, recordemos a Hugo Chávez, bajo su mando en la Intentona de golpe de estado, hubo decenas de MUERTOS, Uso de tropas, asaltos armados, uso de vehículos del ejército, ¡Se le respetaron sus derechos, Y DESTROZÓ AL PAÍS.

El NARCOREGIMEN no contentos con eso, ocultaron toda la información, no supimos donde estuvo el cadáver, por más de 13 días, INCERTIDUMBRE, IMPOTENCIA.

¡INHUMACION CONTROLADA! es el nombre que la Narcodictadura les había puesto a los entierros de todo aquellos que asesinaba, negándole a la familia, a derecho de un funeral y elegí donde ser enterrados, solo 5 integrantes de la Familia de mi esposo pudieron ir a su entierro, mis hijos y Yo, no pudimos estar. NO OLVIDEMOS, la masacre del Junquito de Oscar Pérez, a él También lo enterraron así.

Fue hasta el 10 de Julio, que se recibió una llamada de la Morgue de Bello Monte, para que fuera un familiar para reconocer el cadáver de mi esposo, asistió su mamá y hermana, gracias a los medios de Comunicación quedo todo registrado. NO SABÍAMOS que después de entregar el cadáver, por orden de la Juez NORELYS LEON ZAA, Juez 36 del área Metropolitana, había ordenado la antes mencionada Inhumación controlada, sin saber que ya tenían carroza fúnebre, un hueco en el cementerio del Este, una lápida de cemento con su nombre y hasta un Sacerdote para enterrarlo sin nuestra autorización. No permitieron el acompañamiento de familiares, ni de la prensa al cementerio, Operen cordones y todo un despliegue, ¿Para qué?, ¿Qué querían esconder?, ¿Qué mensaje quería dar la narcodictadura? ¿Más Miedo?.

El 29 de junio, un día después del asesinato, aparecen TARECK WILLIAN SAAB, el Real Ilegitimo y Diosdado en las noticias, diciendo que llevaran las Investigaciones hasta en final, para esclarecer el hecho, "CAIGA QUIEN CAIGA".

cicune.org

Curiosamente, esa mañana se habían entregado voluntariamente, el teniente TARASCIO ASCANIO, y el Sargento 2do, ESTIBEN ZARATE, ambos de la Guardia Nacional, funcionarios de, DGSIM, ¡'Qué raro! En Tiempo récord, ya tenían a los culpables, Ya sabían, Un teniente y un Sargento.

El 4 de Julio, se celebró la audiencia de presentación del teniente y el sargento, en el mismo Tribunal, con la misma Juez, y la misma Fiscal, lo INCREÍBLE, es que les imputaron Homicidio Preterintencional con Causal, es algo así como, LO HICIERON SIN QUERER QUERIENDO, 16 costillas fracturadas, lo electrocutaron, fractura en los dedos, quemaduras, cortadas, fracture en la nariz, golpes, y quien sabe que otra cantidad de aberraciones le habrán hecho. La Juez dicto Privativa de Libertad pare ambos, en espera de su audiencia preliminar. En pocas palabras, quisieron tapar el Sol con un dedo. Lo peor, es que el 24 de septiembre, los sentenciaron a 6 años y 8 mesas, ellos admitieron los hechos, y disfrutaron del beneficio procesal de bajarle la pena, Los sentenciaron Y QUEDÓ CERRADO EL CASO.

De la audiencia preliminar, no nos notificaron, ni nos permitieron acceso a la audiencia, NI AL EXPEDIENTE, menos adherirnos como víctimas a la acusación, ni a ejercer el derecho a apelar.

¿Me pregunto? ¿Y qué paso con los derechos de los presos? ¿LA LEY DE TORTURA?

¿Qué pasó con LA CADENA DE MANDO? Dictador Nicolás Maduro, presidente Ilegítimo. Asesino.

Mientras todo esto pasaba, la ONU, *específicamente la Alta Comisionada, para los Derechos Humanos, estaba en Venezuela, desde el 19 hasta el 21 de junio, dejando 2 comisionados, que son testigos del Asesinato y de la estructura de* TORTURAS, *y no dijeron nada. Solicité respaldo y apoyo intencional pare realizar un* EXAMEN FORENSE, *independiente, pare determinar la causa de la muerte, No obtuvimos respuesta ni ayuda, solo un tweet, donde se preocupan, por la situación y meses después un informe sin resultados.*

Hoy a un año de tu Asesinato. Yo, Waleswka Pérez de Acosta, Actuando en tu nombre y el de tus hijos, Invoco a la Verdad y la Justicia, EXIJO *y* EXHORTO *el cumplimiento de la Constitución y las Leyes de Venezuela, (Ley Contra la Tortura), solicito a la comunidad Internacional, a la Organización de las Naciones Unidas (A la Comisionada M. Bachelet), a la Organización de Estados Americanos, (OEA), Organizaciones de Los Derechos Humanos, que están en contra de la Tortura, a la Corte Penal Internacional, a todos los países que conforman y suscriben todos los Tratados y Estatutos que defienden los Derechos Naturales del Hombre, para que* CONDENEN, SANCIONEN Y PENALICEN, *a toda la estructura Criminal responsable de la Tortura y Asesinato de mi esposo.*

Por los más de 420 presos políticos, militares y civiles que aún están siendo TORTURADOS *en manos del Narco régimen.*

Por todas las viudas, huérfanos y víctimas.

EPÍLOGO

Ilustración 26 Presidente del Tribunal Supremo de Justicia nombrado por la dictadura exconvicto Maikel Moreno

El 10 de octubre de 2020 el mundo conoció indignado que el "TSJ de Maduro anuló acusación contra imputados por muerte del Capitán Acosta Arévalo", como tituló ese día la terrible noticia, símbolo de la impunidad de la narcodictadura ante crímenes de lesa humanidad.

Consecuencia de lo cual se ordenó la reposición del proceso judicial contra Ascanio Antonio Tarascio Mejía y Estiben José Zarate Soto, imputados por su muerte, calificada de homicidio en vez de ser acusados de cometer un delito de lesa humanidad para evitar la imputación del ministro de la Defensa, Vladimir Padrino López, y del director de la Dirección General de Contrainteligencia Militar y los respectivos jefes que ordenaron, como acción normal en ese siniestro órgano represivo, someterlo a crueles torturas hasta ese momento desconocidas en Venezuela.

El ponente de la sentencia, Maikel Moreno, presidente del máximo tribunal del país, pidió al Ministerio Publico de la narcodictadura presentar una nueva acusación, porque a su juicio "Se observó que en dicho proceso se cumplieron actuaciones que atentan contra el derecho a la defensa, al debido proceso, a la tutela judicial efectiva, y a los derechos de la víctima del delito, de acuerdo con los artículos 26 y 49 de la Constitución de…Venezuela, y los artículos 120 y siguientes del Código Orgánico Procesal Penal".

El Nacional añadió:

-La Sala de Casación Penal del Tribunal Supremo de Justicia, con ponencia del presidente del Máximo Juzgado, magistrado Maikel Moreno, declaró procedente el avocamiento en la causa seguida contra los imputados Ascanio Antonio Tarascio Mejía y Estiben José Zarate Soto, por lo que se decretó la nulidad absoluta de la acusación presentada por los fiscales del Ministerio Público contra dichos ciudadanos, como la de todos los actos procesales subsiguientes a la presentación de dicho acto conclusivo.

También la sentencia N° 85-2020 de la Sala del Alto Juzgado ordena la reposición de la causa a la fase presente nuevo acto conclusivo con prescindencia de los vicios observados, asegurando el resguardo de los derechos y las garantías constitucionales de todas las partes.

El fallo igualmente acordó remitir el expediente a la Presidencia del Circuito Judicial Penal del Área Metropolitana de Caracas, para que previa distribución sea asignado a un Tribunal de Primera Instancia en Funciones de Control con el fin de que continúe conociendo de la causa, además, acordó oficiar al ciudadano fiscal general de la República…para que designe al representante del Ministerio Público que continuará conociendo de la causa.

Cabe recordar que los dos funcionarios imputados como autores materiales del asesinato del Capitán de Corbeta Rafael Acosta Arévalo fueron sentenciados por homicidio preterintencional concausal, tipificado en el artículo 410 del Código Penal, y no por el delito de lesa humanidad, conforme a lo que dispone la Ley Especial Contra la Tortura y Tratos Crueles.

Rectificar la causal del delito es lo que debió haberse hecho y no favorecer a los dos únicos imputados, a propósito, con la ley equivocada.

¿Qué más podría esperarse de un personaje tan siniestro como Maikel Moreno, un exconvicto por homicidio con prontuario internacional?

Para ahondar en la hoja de vida de este siniestro personaje del Ministerio Judicial del narcodictador Nicolás Maduro, vale la pena leer lo que al efecto publicó el 23 de junio de 2019 *Iberoamérica Central de Noticias*, bajo el título "Maikel Moreno: La Justicia de Venezuela en manos de un exconvicto por homicidio".

La citada publicación digital señaló en el resumen del reportaje:

-El oscuro pasado de Moreno Pérez, se refleja en su prontuario donde destaca que en 1987 fue condenado y enviado a la cárcel por ese asesinato y solo llegó a estar dos años en prisión por este crimen, viéndose beneficiado por un artilugio procesal, salió en libertad y volvió a ocupar su cargo policial.

Luego de lo cual explicó:

-Maikel Moreno; de preso por asesinato a presidente del Tribunal Supremo de Justicia de Venezuela

El ultra chavista magistrado Maikel José Moreno Pérez, un exfuncionario policial condenado por el asesinato de una persona en el Estado de Bolívar en 1987, mientras era miembro de la policía política venezolana, fue designado en febrero de 2017 por el régimen de Nicolás Maduro, como presidente del Tribunal Supremo de Justicia (TSJ) en sustitución de la también chavista, Gladys Gutiérrez Alvarado.

ICN adicionó:

Maikel Moreno, es un servil personaje que solo sirve a los intereses de la dictadura chavista, encarcelando sin pruebas a toda persona que él entienda es opositor. Su nombre ya figura en las listas internacionales de represores, como uno de los mayores violadores de los derechos humanos en Venezuela.

El oscuro pasado de Moreno Pérez, se refleja en su prontuario donde destaca que en 1987 fue condenado y enviado a la cárcel por ese asesinato y solo llegó a estar dos años en prisión por este crimen, viéndose beneficiado por un artilugio procesal, salió en libertad y volvió a ocupar su cargo policial.

Todavía hay más en el historial de Maikel Moreno, según *ICN*:

Nuevamente en 1989 Maikel Moreno Pérez, aparece involucrado en el homicidio de Rubén Gil Márquez, un hecho ocurrido en Caracas. No se pudo demostrar su culpabilidad, pero fue dado de baja de su cargo de oficial de seguridad.

En 1990 le consiguieron trabajo en el Poder Judicial y logró graduarse como abogado en la Universidad Santa María en 1995.

Se acercó al chavismo y allí comenzó, junto a Hugo Chávez y luego con Maduro, su ascendente carrera judicial, por su afán casi obsesivo por encarcelar a opositores.

ICN apuntó después:

Según informa *El Nuevo Herald*, la carrera de Moreno como juez se vio interrumpida en el 2007, bajo acusaciones de haber recibido sobornos para ordenar la liberación de los acusados en el caso de asesinato de la abogada Consuelo Ramírez Brandt.

Tras ser destituido, el entonces canciller Nicolás Maduro lo designó como funcionario diplomático en la embajada de Venezuela en Roma.

En 2014 fue nombrado magistrado del TSJ por una Asamblea Nacional que entonces estaba totalmente controlada por el chavismo. En febrero de 1017, el propio dictador Maduro, lo instala en el cargo de presidente del Tribunal Supremo de Justicia.

Figura en las listas de sancionados por el gobierno de los Estados Unidos.

El 1 de octubre de 2020, tras conocer el informe de la ONU, el general retirado de la Guardia Nacional, José Salazar Heredia calificó de "aberrante y nauseabundo" que haya oficiales torturando a compañeros de armas y se preguntó: "¿En qué momento de la carrera militar se les torció la mente?".

Ilustración 27 Wladimir Padrino López ministro de defensa de la narcodictadura de Nicolás Maduro

Así lo reseñó la periodista Sebastiana Barráez, especialista en fuentes militares, en un reportaje publicado en esa fecha por el portal INFOBAE.

-El General de Brigada retirado de la Guardia Nacional José Salazar Heredia se pregunta lo que muchos militares dentro y fuera de la institución han dicho después de haberse dado a conocer el informe de la Misión Internacional de Determinación de los Hechos sobre Venezuela. "Asombra, por lo aberrante y nauseabundo, enterarse de la participación, activa y pasiva, de oficiales aplicando métodos de tortura a compañeros de armas".

Agrega el oficial que "de los temas investigados y documentados por la Comisión de Determinación de la ONU en Venezuela, llama la atención la participación de la Fuerza Armada Nacional Bolivariana (FANB), en un esquema de torturas, violaciones y abusos sexuales a detenidos bajo su custodia".

En otra parte del reportaje se lee:

-El informe menciona así mismo las instituciones SEBIN (Servicio Bolivariano de Inteligencia) y DGSIM (Dirección General de Contrainteligencia Militar) bajo la dirección de oficiales con el grado de Mayores Generales y sus sedes Fuerte Tiuna, Helicoide y Plaza Venezuela".

Destaca como un hecho relevante que "el director de la DGSIM es, a su vez, el responsable de la seguridad de Miraflores y su inquilino. Así mismo el informe determina la responsabilidad de los ministros de la Defensa y el de Relaciones Interiores, cargos bajo responsabilidad de dos Generales en Jefe".

También revela que la "DGSIM es la institución con más hechos de torturas y muerte".

El general José Salazar Heredia igualmente le confió a Sebastiana Barráez que

a su juicio lo que más asombra "por lo aberrante y nauseabundo, es enterarse de la participación, activa y pasiva, de oficiales aplicando métodos de tortura a compañeros de armas, presenciar violaciones de novias y familiares de detenidos. ¿En qué momento de la carrera militar se les torció la mente? ¿Cuándo les cambió la conducta de ser un defensor del ciudadano a convertirse en un torturador experto en asfixia, mutilador de uñas y electricista de testículos?"

Asimismo, apuntó que "en los institutos de formación militar se enseña el honor, el respeto al ciudadano y las leyes, defender la soberanía y el culto a la amistad y solidaridad". Y reveló que le causa indignación "cómo oficiales de grados subalternos se ensañan con crueldad con superiores que fueron sus maestros y compañeros en las faenas diarias de la vida militar".

El referido informe describe las cualidades de cada uno y su experticia en materia de hacer confesar o firmar declaraciones impuestas por delitos no cometidos.

-Expertos en asfixias, -acotó Barráez- golpes con bates sin dejar huellas, ingesta de heces, sofocos con agua, extracción de uñas, convivir con alimañas, dormir desnudos en el piso frío, tortura psicológica y aislamiento por tiempos prolongados sin tomar el sol.

El GB José Salazar Heredia del mismo modo explicó que es "todo un manual de torturas puesto en ejecución en las prisiones militares de Venezuela, por militares, para militares detenidos por pensar y practicar lo enseñado y aprendido: el Honor Militar".

Finalizo diciendo que las Fuerzas Armadas "en las entrañas de cada uno de sus miembros, Oficiales, Tropa Profesional, soldados, empleados civiles, debe estar rumiando de tristeza e incomprensión al conocer que adentro de la institución militar se tortura a compañeros y se mancilla lo más sagrado de un militar: su honor".

En el mismo reportaje se lee lo expuesto por Waleswka Pérez, viuda del Capitán de Corbeta Rafael Acosta Arévalo, en un foro sobre el Informe de la ONU y las violaciones de derechos humanos en Venezuela, que lo ocurrido con la tortura y asesinato de su esposo que lo sucedido "los marcó como familia".

En ese evento recordó que su esposo "Duró ocho días desaparecido, guindando en un árbol, dándole con palos, disparándole cerca del oído, le echaban ácido a las heridas, costillas fracturadas, le metían electricidad; no hubo parte de su cuerpo que no lo tocaran".

Igualmente narró que cuando lo llevan a los tribunales, el abogado dice en las condiciones que lo vio. "En una silla de ruedas, que no podía articular palabras, la mirada perdida, que lo único que alcanza a pedir es auxilio y muere delante del juez. Aun así, el régimen dice que murió en el trayecto al Hospitalito".

En seguida señaló:

-A él no tenían por qué secuestrarlo, por qué presentarlo a esos tribunales militares, donde presentan a estudiantes, a civiles. Al hospitalito en Fuerte Tiuna llevan a todos los que son torturados; ahí hay complicidad del juez, los tribunales y los médicos, que le pudieron salvar la vida, porque era un caso para intubarlo, pero aún en los tribunales le daban golpes.

Asimismo, desechó la tesis de que no sepa lo que está sucediendo.

-En el 2013 -reveló- una abogada que está denunciando casos de torturas ante la Corte Penal Internacional, publicó dónde queda la finca Sorocaima en La Mariposa, se dieron hasta las coordenadas, de esa casa clandestina de tortura. ¿Dónde está el Alto Mando Militar? Se sabe que hay torturas, violan estudiantes, padres, en este momento están siendo torturados

En el citado foro también reconoció que no pueden acudir ante instancias venezolanas "porque el Estado maneja todos los tribunales", y como ejemplo señaló que se dijo que habían agarrado a dos implicados por el caso del Capitán Acosta", pero "no son esos dos. ¿Dónde está la cadena de mando? Ignoran la Ley contra la Tortura, a Rafael (Acosta Arévalo) tenían que darle garantías estando en manos del Estado".

También censuró que la narcodictadura tenga una silla en la ONU, concretamente en la Comisión de Derechos Humanos, cuando comete crímenes de lesa humanidad.

www.ingramcontent.com/pod-product-compliance
Lightning Source LLC
LaVergne TN
LVHW052245070526
838201LV00113B/343/J